그림책 마음 치료
다이어리

생애가을 04

그림책 마음 치료 다이어리

초판 1쇄 발행 2021년 10월 8일

지은이	유승영·채현숙·최혜정
펴낸이	최혜정
펴낸곳	도서출판 생애

편집기획	연기획
디자인	주기선
인쇄	교학SPC

출판등록 2019년 9월 5일 제 377-2019-000077호
주소 수원시 팔달구 권광로 373
이메일 saengaebook@naver.com

ⓒ 유승영·채현숙·최혜정 2021
ISBN 979-11-970261-5-7

저작권자 및 출판사의 허락 없이 이 책의 일부 또는 전체를 인용하거나 발췌하는 것을 금합니다.
책값은 뒤표지에 있습니다.
잘못된 책은 구입하신 서점에서 바꾸어드립니다.

생애가을은 도서출판 생애의 '책을 위한 책'입니다. 가을 열매처럼 잘 익은 사유들을 담습니다.

혼자 하며
행복해지는
그림책 홈 테라피

그림책 마음 치료 다이어리

유승영
채현숙
최혜정
지음

들어가며

그림책이면 충분해요

마음이 아픈 사람들이 많아졌다고 합니다.

동네 상가에 우후죽순처럼 생기는 '심리상담센터'나 '마음치료명상센터'가 그 사실을 보여줍니다. 그렇지만 아직 몸의 병에 비해 마음의 병이 홀대받는 것도 사실입니다. 몸이 아프면 쉬기도 하고 약을 먹기도 하고 병원으로 달려가기도 하지만 마음이 아플 때는 바쁜 일상을 핑계 삼아 얼마나 아픈지 들여다보지도 않습니다. 심지어 다른 사람의 눈에는 분명히 아파 보이는데도 자신은 아프지 않다고 큰소리를 치기도 합니다. 어떻게 해야 할까요? 마음의 병이 깊어지면 몸의 병보다 더 다루기 힘들어지는데 말입니다. 마음에 생긴 병이 나의 몸 어딘가로 깊숙이 숨어버리기 전에 아파하는 내 마음을 가만히 들여다보아야 합니다. 몸살이 났을 때 얼른 쉬어주어야 큰 탈이 나지 않는 것처럼 마음의 병이 깊어지기 전에 얼른 내 마음을 다독여야 합니다.

밖으로 나가 운동도 하고, 수다도 떨고, 맛있는 것을 사 먹어도 좋겠습니다. 의지할 수 있는 사람, 편한 사람을 만나 내 마음을 이야기해보는 것도 좋겠습니다. 하지만 제일 좋은 방법은 가만히 혼자 앉아 자신을 돌아보는 것입니다. 사람들 속에서 나의 진짜 모습을 발견하기는 쉽지 않으니까요. 따뜻한 차 한 잔, 그리고 내 마음에 딱 맞는 그림책 한 권이 있으면 좋겠습니다. 내 마음과 닮은 그림책은 그림으로 나를 위로합니다. 글로 격려해주지요. 그림책의 페이지를 한 장 한 장 넘길 때마다 내 모습이 보이고 나의 길을 돌아보게 됩니다.

『그림책 마음 치료 다이어리』는 '공감과 치유를 선물하는 그림책의 매력을 많은 분이 알게 되었으면' 하는 간절한 마음으로 만들어졌습니다. 심리 치료를 공부한 선생님, 문학 치료를 공부한 선생님, 그림책을 공부한 선생님이 모여 이모저모로 고민하면서 마음 치료에 딱 맞는 그림책들을 선정하였습니다. 여기 소개한 12권의 그림책들을 한 권 한 권 따라 읽어가다 보면 어느새 건강해진 내 마음을 확인할 수 있을 것입니다.

한 주에 한 번, 혹은 한 달에 한 권씩이라도 12권의 그림책을 꼭 만나시면 좋겠습니다. 정성을 다해 담은 12권의 그림책이 마음에 평안과 치유를 가져오리라 믿습니다.

시끄럽고 복잡한 세상과 조금 떨어져 보는 시간을 만들어봅시다. 홈트, 홈시어터, 홈캉스가 대세인 시대라 낯설진 않으리라 생각되네요. 혼자 하는 건 낯설지 않은데 그림책이 조금 낯설다고 말씀하실지도 모르겠습니다. 어릴 때나 읽었던 그림책이 어떻게 나를 위로하냐고 질문하실 것 같기도 하구요.

그런데 그림책의 세계가 많이 달라졌습니다. 그림책은 이제 누구나 즐길 수 있는 예술이자 문학으로 진화하였습니다. 글과 그림의 절묘한 조화가 돋보이는 독특한 장르의 매체가 되었습니다. 그림책 안에서 이루어지는 독자와 그림책의 교감은 무엇으로도 흉내 낼 수 없는 공감과 치유를 만들어내게 되었습니다. 나만의 공간에서 조용히 만나는 그림책 홈 테라피! 조용히 그림책으로 들어가는 순간은 놀라운 치유의 시간이 될 수 있을 것입니다.

차마 남에게는 꺼내놓기 힘들었던 나의 이야기, 부끄럽거나 창피하거나 두려워서 외면했던 나의 이야기를 『그림책 마음 치료 다이어리』에 마음껏 풀어놓아 보세요. 다이어리가 가득 차고 마지막 장을 닫을 때쯤 어느새 불안정했던 나는, 마음을 들여다보고 다독일 줄 아는 나로 성장해 있을 것입니다. 자, 이제 다이어리를 펴고 진짜 나를 만나보세요. 넘어지고 깨어져서 상처투성이가 되었을지라도 사랑스러운 '나'입니다.

2021년
도담도담 그림책 숲에서
최혜정

차례

들어가며 __ 4

1장 나 들여다보기 | 자존감 수업

- 낯선 나를 사랑하기 __ 16
  『마음샘』 조수경
- 내 삶의 주인공은 나 __ 28
  『난 나와 함께 갈 거야』 라켈 디아스 레게라
- 토닥토닥 '내면 아이' 안아주기 __ 36
  『어른들 안에는 아이가 산대』 헨리 블랙쇼

2장 마음 치료 | 감정 이해하기

- 불안 똑바로 보기 __ 48
  『불안』 조미자
- 분노 들여다보기 __ 58
  『꿀오소리 이야기』 쁘띠삐에

- 마음의 감기, 우울 __ 74
  『안녕, 울적아』 안나 워커

- 미움을 대하는 자세 __ 84
  『미움』 조원희

- 생각의 전환 __ 94
  『중요한 문제』 조원희

3장 마주보기 | 타인과의 관계 연습

- 우리에겐 얼마만큼의 거리가 필요한가 __ 106
  『적당한 거리』 전소영

- 관계 맺기의 지혜 __ 116
  『큰 늑대 작은 늑대』 나딘 브룅코슴, 올리비에 탈레크

- 왜 하고 싶은 말을 하지 못하니? __ 126
  『곰씨의 의자』 노인경

- 말의 힘, 말의 독 __ 138
  『하늘을 나는 사자』 사노 요코

부록_ 그림책 맞춤 처방 __ 148

마음 치료 다이어리 사용법

『그림책 마음 치료 다이어리』는 그림책을 소개하는 글과 책을 읽은 후 할 수 있는 활동들로 이루어져있습니다. '내 마음 열어 보기', '그림책 거울 보기', '마음 정리하기'로 진행되는 마음치료 코스를 경험하실 수 있습니다.

- 먼저 책의 '차례'에서 내 마음과 닮은 주제를 선택하고 '그림책 마음 치료 스케줄'에 '테라피전 나의 마음'을 써보세요. 그리고 그림책을 찬찬히 읽어보세요.
- '내 마음 열어보기'로 지금 내 마음의 상태를 확인해 보세요.
- '그림책 거울 보기'를 통해 그림책이 보여주는 마음의 길을 찾아보세요.
- '마음 정리하기'를 하며 새로운 나를 상상해보세요.
- '컬러링 하기'에 소개된 그림들은 "그림책 마음 치료 모임"을 함께 했던 에스더님이 그린 모사화입니다. 귀여운 그림들을 색칠하며 '컬러링 치유'의 평안함을 맛보세요.

- '시 필사하기'는 지혜롭고 평안한 시로 준비했습니다. 좋은 글을 정성껏 옮겨 쓰면서 마음이 정화되는 '글쓰기 치유'를 맛보세요.

- 각 장의 마지막에 준비된 '긁적긁적 낙서장'과 '긁적긁적 일기장'에는 나만이 알고 있는 내 마음을 마음대로 표현해 보세요. 아무에게도 꺼내놓지 못했던 이야기들을 모두 쏟아 놓다 보면 어느새 마음이 편안해지는 것을 느낄 수 있습니다. 그리고 한 걸음 더 나아가 진짜 내 모습을 발견하게 될 거예요.

- 이 책에 준비된 12권의 마음 치료 그림책을 모두 만났다면 부록으로 준비한 '그림책 맞춤 처방'도 만나보세요. 피곤하고 지친 마음을 치료하는 특효약이 될것입니다.

그림책 마음 치료 스케줄

	날짜	테라피 전 나의 마음	그림책
1			
2			
3			
4			
5			
6			
7			
8			
9			
10			
11			
12			

테라피 후 나의 마음

1장 나 들여다보기 | 자존감 수업

낯선 나를 사랑하기

『마음샘』

조수경 글·그림 | 한솔수북

어느 날 우연히 마음샘을 들여다본 늑대는 당황합니다.
자기 생각과는 달리 토끼의 모습을 한 '마음 모습'에 당황하여
토끼에게서 도망치기도 하고, 싸우기도 합니다.
자신을 찾아가는 과정에 꼭 한 번 되돌아보아야 하는
나의 속사람에 관한 생각이 들어있습니다.

#마음샘 #또다른나 #자아찾기 #내모습사랑하기 #나바로알기

나를 아는 일은 생각보다 쉬운 일이 아닙니다. 나를 가장 잘 아는 사람이 나라고 생각할 수 있겠지만 내가 아는 것은 그저 '내가 만든 나'일 뿐, '진짜 나'가 아닐 수 있으니까요. 하지만 바쁘게 살다 보면 '나는 누구인가?', '나는 어떤 사람인가?' 이런 생각들은 까맣게 잊은 채 일상의 의무에 떠밀리며 사는 날들이 쌓여갑니다. 이번 달엔 취업을 할 수 있을지, 부장님 지시하신 프로젝트는 어떻게 완성할지, 아이 학원은 어디로 보내야 할지, 이런 고민들에 묻혀 그저 흘러가는 대로, 사회 속의 나로, 하루하루를 쫓아갈 뿐이지요. 그러다 문득, 공허감을 느낍니다. 왠지 모를 갈증을 느끼기도 합니다. 겉으로는 멋진 척 강한 척하지만 한없이 겁쟁이고 부끄럼쟁이인 내가 보이기도 하고, 빠르게 일을 척척 해내지만 빠르고 싶지 않은 느림보 내가 보이기도 합니다. 그러나 그런 나의 모습은 꼭꼭 숨겨두고 아무에게도 들키지 않으려고 애를 쓰지요.

내 마음을 돌아보는 일은 중요합니다. 이를 악물고, 주먹을 불끈 쥐고, 보여지는 나를 지키기 위해 애를 쓰다 보면 마음은 어느덧 지치고 목마른 사슴처럼 샘물을 찾아 헤매기 마련이니까요.

그림책 『마음샘』의 주인공 늑대는 어느 날 목이 말라 샘을 찾아갑니다. 그런데 늑대가 찾은 샘은 뜻밖에도 목마름을 채워 줄 시원한 샘이 아니라 '마음샘'이었습니다. 늑대는 마음샘에 비친 자신의 모습을 봅니다. 그 모습은 놀랍게도 강하고 거친 늑대가 아니라 연약하고 순한 토끼의 모습이었습니다. 마음샘에 비친 자신의 모습이 토끼일 것이라고는 짐작도 못 했던 늑대는 당황합니다. 누가 볼까 두려워 숲에 숨어버립니다. 그리고 토끼를 지워버리려고 아무도 보지 못하는 깜깜한 밤이 되길 기다립니다. 밤이 되자 늑대는 샘물을 다 마셔버리려고도 하고, 샘에 비친 토끼와 싸우기도 하며 온갖 노력을 다합니다. 하지만 소용이 없었습니다. 토끼는 여전히 늑대를 고요히 바라보았지요. 결국 늑대도 토끼를 가만히 들여다보기로 합니다. 그리고 토끼의 사랑스러움을 발견하기 시작합니다. 늑대는 토끼와 손잡고 함께 춤을 추고 뛰어놀며, 화해하게 됩니다. 어떻게 늑대가 토끼를 인정하고 받아들일 수 있게 되었을까요? 낯선 자신의 내면을 인정하고 받아들이는 늑대의 모습을 보며 나를 사랑하는 법을 배울 수 있습니다.

누구나 평상시에는 미처 깨닫지 못하는 내면의 자아를 가지고 삽니다. 어느 날 문득 마음샘을 바라보았을 때 내 마음에 썩 들지 않는 내가 나를 바라보고 있더라도 살짝 웃어주세요. 토닥토닥 마음속 나를 격려하고 사랑해줄 때 비로소 진정한 나를 찾고 완전한 내가 됩니다. 이제 늑대와 함께 나의 '마음샘'을 들여다볼까요?

내 마음 열어보기

다른 사람이 보는 나는 어떤 사람인가요?
주변 사람들이 나를 바라보고 하는 말들을 떠올려보세요.

그림책 거울 보기

늑대는 마음샘에 비친 토끼를 처음 보았을 때 지워버리려고 합니다.
늑대가 마음샘에 비친 토끼의 모습을 받아들이지 못한 이유는 무엇일까요?

늑대는 마음샘에 비친 토끼의 모습을 보고 두려움에 쌓입니다.
늑대가 사로잡혀 있는 이 장면이 보여주는 의미는 무엇일까요?
늑대를 사로잡고 있는 것들은 무엇일지 생각해보세요.

컬러링하며 내 마음을 돌아보세요.

마음 정리하기

마음샘에 비친 나의 모습을 글로 표현해보세요.

예1 나는 소심하고 부끄럼 많은 양 같아요. 늑대 같이 무서운 무리들이 나를 해칠까 봐 두려워서 친한 친구를 만들기도 어려워요. 언제나 나는…

예2 나는 언제나 알록달록 들꽃들 속에 도도하게 서 있는 장미같이 행동해요. 남들과 다르고 싶거든요. 하지만 늘 들꽃인 게 들킬까봐 두려워요. 내 모습 그대로를 사랑할 수 없네요. 나는…

마음샘에 비친 나의 모습을 그림으로 표현해보세요.

사랑해주세요. 내가 모르던 내 마음의 모습도 사랑스러운 나랍니다.

굵적굵적 마음 치료 낙서장

굵적굵적 아무거나 일기장

내 삶의 주인공은 나

『난 나와 함께 갈 거야』
라켈 디아스 레게라 글·그림 | 정지완 옮김 | 썬더키즈

그림책의 주인공 '나'는 마틴이 너무 좋습니다.
짝사랑하는 마틴에게 잘 보이고 싶어
자신의 모습을 하나하나 바꿔 가기로 합니다.
어느 날 '나'는 드디어 고대하던 친구의 관심을 얻었으나
'자신'을 잃게 되었음을 깨닫게 됩니다.
'진정한 나다움'의 소중함을 알려주는 그림책입니다.

#나다움 #자기사랑 #정체성 #자존감 #타자의시선 #편견극복

'나나랜드'라는 TV 프로그램이 있습니다. ('나나랜드'는 사회적 기준이나 타인의 시선에 연연하지 않고 자신만의 기준에 따라 살아가는 삶의 트랜드를 일컫는 신조어입니다) 거기에 출연하는 사람들은 자신만의 개성을 살려 맞춤식 집을 짓고 자신들만의 공간에서 삶을 가꾸어 가고 있었습니다. 많은 사람들이 이들을 보고 용기 있는 사람이라고 말합니다. 타인의 시선에 연연하지 않는 용기를 가졌기 때문입니다. 우리도 이들처럼 내 삶의 주인공이 나 자신이어야 하지 않을까요? 남이 만들어 놓은 틀에 맞추어 가면을 쓰고 살아가는 삶은 맞지 않는 옷을 입고 불편함을 감수하는 것과 같습니다. 원하던, 원하지 않던 우리는 부모가 물려준 개개인의 DNA를 가지고 있으며 환경과 경험을 통해 유일하고 특별한 현재의 모습으로 존재합니다. 이런 나를 내가 사랑하며 자신만의 당당한 삶을 꾸려 갈 때 멋지고 가치 있는 사람이 될 수 있을 것입니다.

　그림책 『난 나와 함께 갈 거야』의 주인공 소녀는 좋아하는 남자 친구 마틴의 마음을 얻기 위해 다른 친구들의 조언에 따라 외모도 바꾸고 행동과 습관까지 모두 바꿔 봅니다. 머리 모양도 바꾸고, 안경도 벗고, 말투도 바꾸며, 얌전하게 행동합니다. 큰 소리로 웃고 말하기 좋아하던 소녀가 몰라보게 달라집니다. 그러자 소녀의 머리 위에 있던 새들도 하나하나 떠나갑니다. 소녀는 급기야 자신만이 갖고 있던 날개까지 떼어버립니다. 덕분에 마틴이 드디어 소녀를 바라봅니다.

그런데 좋아하는 친구의 마음을 얻은 기쁨은 그리 오래가지 못했습니다. 소녀는 달라진 자신의 모습이 낯설고 어색해 "내가 날 제대로 볼 수 없어."라고 말합니다. 그래서 진짜 자신의 모습을 다시 찾기로 합니다. 소녀는 스스로에게 말합니다. "난 나와 잘 어울려."

내가 보지 못한 나를 볼 수 있다는 점에서 사람들의 조언은 중요합니다. 그러나 내 모습을 지키면서 조언을 듣는 것이 더욱 중요합니다. 대부분의 사람들은 누군가 충고를 하면 그들의 생각에 맞추려고 하고 그들이 어떻게 볼까 염려합니다. 내 삶인데 내가 주인이 아니라 남이 주인이 되는 셈이지요. 이 책은 원래의 내 모습이 가장 나다운 모습이라는 것, 내가 먼저 나를 인정해야 남도 나를 인정한다는 것을 알게 합니다.

이제 남의 시선을 의식하지 않고 나다운 모습을 찾는 방법은 어떤 것이 있을지 생각해보고, 타인이 던져준 틀에서 벗어난, 나만의 신나는 일탈 계획도 세워보세요.

내 마음 열어보기

누구에게나 어울리는 옷이 있습니다.
아무리 아름다운 옷이라도 나에게 어울리지 않는다면 의미가 없습니다.
나에게 어울리지 않는 옷을 입었을 때 어떤 느낌이 들었나요?
나에게 어울리지 않는 행동을 했을 때 어떤 마음이었나요?

내가 _____ 하는 건 어울리지 않아.

그럴 때 내 마음은 _____ 했어.

마음 정리하기

나다움을 찾기 위한 '일탈 계획'을 세워봅시다.
타인의 시선 때문에 혹은 세상의 관습이나 편견 때문에 하고 싶었지만 하지 못했던
일들이 있다면 써보세요. 단, 계획만으로 끝날 이상적인 계획이 아니라
실천 가능한 계획을 세우고 반드시 실천해봅시다.

> **예** 머리 색깔 빨간색으로 바꾸기, 갑자기 휴가 내고 나 홀로 여행 가기, 슬렉스 말고 찢어진 청바지 입기, 헤어스타일 바꾸기 등등

컬러링하며 내 마음을 돌아보세요.

굵적굵적 마음 치료 낙서장

끄적끄적 아무거나 일기장

토닥토닥 내면 아이 안아주기

『어른들 안에는 아이가 산대』
헨리 블랙쇼 글·그림 | 서남희 옮김 | 길벗스쿨

어른들이 마음속에 숨기고 있는 '내면 아이'에 대한 이야기를 합니다.
내 안에서 다 자라지 못하고 숨어있는
내면 아이를 들여다보고 격려하고 인정함으로
긍정적인 자아를 만들어 갈 수 있게 하는 그림책입니다.

#내면아이 #자존감 #정체성 #자기사랑 #인정 #상처극복

장난감을 사달라고 마트 바닥에 주저앉아 떼를 쓰는 아이처럼 하고 싶은 일을 못 했다고 속상해하며 운 적은 없나요? 저는 있답니다. 별것 아닌 일에 사춘기 소녀처럼 깔깔깔 웃고, 놀이동산에 가서 바이킹을 타며 비명을 질러본 일은요? 이것 역시 저는 있어요. 때로는 아이처럼 투정을 부리고 다음 날 아침, 전날을 곱씹으면 민망해지기도 하지요. 이제 다 자란 어른인데 이렇게 불쑥불쑥 아이 같은 모습이 튀어나오는 이유는 무엇일까요? 내 속에 '내면 아이'가 다 자라지 못한 까닭입니다.

그림책 『어른들 안에는 아이가 산대』는 마음속 '내면 아이'를 다독입니다. 아직도 다 자라지 못했다고 자책하고 꾸짖는 것이 아니라 '그럴 수 있지, 그럴 수 있어.'라고 이해해줍니다. 그림책에서 어른들의 내면 아이를 들여다보는 것은 '아이'입니다. 아이의 시선으로 어른들의 행동 속에 보이는 어리광쟁이를 찾아내지요. '눈을 뜨고 찬찬히 꼼꼼히 살펴보면 어른들 안에 아이들이 보인다'고 말합니다. 씰룩씰룩 춤을 출 때, 한정판이라고 우기며 물건을 살 때, 사랑에 빠져 혀 짧은 소리로 고백할 때, 어른들 안에 아이가 살고 있기 때문이라고 말하지요. 이 내면 아이는 시간이 흐를수록 점점 더 자주 튀어나오기 때문에 어린 시절이 아주 중요하다고 합니다. 아이가 평생 잊지 못할 것들을 배우는 시기니까요. 내가 가진 어린시절 기억은 어떤 것이 있나요? 그 기억이 우리를 아프게도 하고 행복하게도 합니다. 붙잡고 싶은 것도 외면하고 싶은 것도 있지요. 그 기억안에 사랑, 미움, 기쁨, 슬픔이 모두 들어있으니까요. 이런 감정들은 아이가 만 3세 이전에 가장 많이 발달하며 내면아이의 형성에 지대한 영향을 미칩니다.

그림책의 화자인 아이는 말합니다. 내 안의 아이를 언제나 아껴주고 목소리에 귀 기울여 주라고요. 그 아이가 어른이 되는 것을 훨씬 더 재미있게 해줄 것이라고 합니다. 기분이 좋아지는 결론입니다. 내면 아이에 대해 이야기할 때 우리는 흔히 어린 시절에 피할 수 없어 생기고만 '상처'에 대해 이야기합니다. 그런 것들이 내 마음 한 켠에서, 자라지 못한 아이를 만든다고 하지요. 이 아이가 어른이 된 나에게 지속적인 영향을 주고 괴롭힌다고 생각합니다. 그래서 우리는 내면 아이와 충돌하게 될 때 이 아이가 씩씩해지라고 스스로를 야단치기도 하고 한심하다고 비난하기도 합니다. 그렇지만 내면 아이가 자라는 데는 좀 더 섬세한 사랑이 필요합니다. 엄하게 혼내기보다는 바라봐주며 인정해주는 사랑이 필요하지요. 비록 상처받고 성숙하지 못한 모습일지라도 결국 그 아이도 누구보다 사랑해 주어야 할 '나 자신'이니까요.

갑자기 불쑥 튀어나온 나의 내면 아이가 화를 내면 왜 화가 났느냐고 물어보세요. 두려움에 떨며 어두운 곳으로 숨어버리면 찾아가서 안아주고요. 그러다 보면 나의 내면 아이는 토닥토닥 나의 위로를 영양분 삼아 건강한 아이로, 건강한 어른으로 자랄 것입니다.

내 마음 열어보기

내 안에 있는 내면 아이의 특징을 떠올려보세요.
동물이나 식물, 다른 무언가로 표현해보는 것도 재미있어요.

예 아무것도 하기 싫고, 따뜻한 햇볕 아래 가만히 앉아 책만 보고 싶은 해바라기 같은 나, 천방지축 뛰어다니는 타조 같은 나, 호기심이 넘쳐 뭐든 보고 듣고 싶은 카메라 같은 나 등

내면 아이 : 한 사람의 정신 속에서 하나의 독립된 인격체처럼 존재하는 아이의 모습을 '내면 아이'라 부릅니다. 어린 시절의 주관적인 경험을 설명하는 용어로, 내면 아이라는 존재는 한 개인의 인생에서 어린 시절부터 어른이 될 때까지 지속적인 영향을 줍니다. 대상관계이론에서 내면 아이는 양육자, 주로 어머니의 양육 태도에 따라 발달하여 내면에 남게 된다고 합니다.

그림책 거울 보기

일상에서 내 안의 내면 아이가 불쑥 튀어나와 힘들었던 때는 언제인가요?
철 없는 아이 같았던 내 모습을 떠올려 보세요.

그림책에는 내면 아이가
'시간이 흘러 어른이 될수록 자주 튀어 나온다'는 말이 있습니다.
어른이 될수록 내면 아이가 튀어나오는 이유는 무엇일까요?

마음 정리하기

이제 나의 내면 아이를 만나면 어떻게 반응해야 할까요?
낯선 그 아이를 만나면 무엇을 해야 할지 생각해보세요.

_____ 한 나의 내면 아이를 만나면

_____

_____

_____

_____ 한 나의 내면 아이를 만나면

_____

_____

_____

_____ 한 나의 내면 아이를 만나면

_____

_____

_____

내 안에 있는 나의 내면 아이가 나에게 해주고 싶은 말은 무엇일까요?
내면 아이가 되어 나에게 응원의 말을 전해보세요.

_____ 야,

_____ 한 어른이 되길 응원해.

긁적긁적 마음 치료 낙서장

굵적굵적 아무거나 일기장

2장 마음 치료 | 감정 이해하기

불안 똑바로 보기

『불안』
조미자 글·그림 | 핑거

피하고 싶어도 늘 우리와 함께 하는 불안이라는 감정!
아이나 어른이나 언제라도 맞닥뜨릴 수 있는 불안이라는 감정을
용기 있게 들여다볼 수 있도록 격려하는 그림책입니다.
그림책은 불안이라는 감정이 알고 보면 친구처럼 늘 함께 하는 것이라고
이야기합니다. 어떻게 그와 잘 지낼 수 있을지 그림책을 통해
고민하고 생각해보는 시간을 가질 수 있습니다.

#불안 #걱정 #부정적사고 #마음챙김 #수용 #긍정적사고

불안은 일상에서 흔히 경험하지만, 불쾌감을 느끼게 하는 감정입니다. 많은 사람들 앞에서 발표를 해야 하거나 중요한 시험을 앞두고 있다든지, 위험한 동물을 만나게 되었을 때 두려움을 느끼고 긴장하듯이 말입니다. 각자가 생각하는 위험한 상황에서 경험하게 되는 정서적 반응이 '불안'입니다.

'불안'이라는 녀석이 가득해지면서 우리의 생각과 마음은 혼돈의 시간이 됩니다. 사소한 일에도 걱정이 많아지고 나쁜 일이 생길 것 같은 두려움이 드는 등 긴장감과 두려움을 떨쳐버릴 수 없게 됩니다. 그러다가 불안은 어느 순간 내 안 깊은 곳으로 사라져 버려 언제 그랬냐는 듯 편안해지기도 합니다. 참으로 얄궂은 녀석입니다. 가끔은 이 녀석의 정체가 궁금하지만, 우리를 두렵게 하기 때문에 마주하기 겁이 납니다. 그런데 여기 용기를 내어 그 녀석을 들여다보는 친구가 있습니다.

기쁨, 행복, 사랑 등과 함께 내 안에 있지만 마주하기 힘든 감정인 '불안'. 그림책 『불안』 속 주인공은 그 녀석을 만나보기로 결심합니다. 그리고 저 밑 그 녀석을 소환합니다. 팽팽한 긴장감 속에 드디어 드러난 불안이 너무나도 무섭고 커서 주인공은 도망가기 바쁘지요. 어디에 숨어도 어떤 모습으로 위장을 해도 불안은 주인공을 찾아내고 맙니다. 그러다 도망갈 방법이 없으니 잠시 숨 고르기를 하고 다시 불안을 마주합니다. 그 때 주인공은 이전과 다른 모습의 불안을 보게 됩니다. 불안이 어떻게 달라 보였을까요? 어쩌면 위로해주어야 할, 자신보다 약한 존재로 보였을지도 모르겠습니다. 주인공은 불안과 친구처럼 함께 하는 시간을 가져보기로 합니다. 누군가와 무언가를 같이 하고 나누는 시간을 갖다 보면 상대를 알아가게 되지요. 주인공은 불안에 대해 조금씩 알아가며 좋은 친구가 될 수 있을 거라 생각합니다. 비 오고 번개 치는 무서운 밤, 서로를 챙기는 친구처럼 말입니다.

불안은 어떤 색으로 표현할 수 있을까요? 그림책 『불안』에서 표현된 다채로운 색을 보면서 '아, 불안할 때 느끼는 증상들과 닮았구나.'라는 생각을 해봅니다. 불안으로 나타나는 긴장감, 두려움, 걱정 등 다양한 증상을 표현했다고 할까요? 당신의 불안은 어떤 색입니까?

불안을 느끼면 우리는 부정적 결과가 발생하지 않도록 조심스럽게 행동하게 되고 위험한 상황에서 벗어나면 편안한 기분으로 돌아옵니다. 그러니 불안은 불쾌하지만 우리에게 도움이 되는 감정이라고 합니다. 그림책 『불안』을 통해 나의 불안을 들여다보는 시간을 가져보세요. 특히 불안이 가득할 때 당신의 머릿속에 주렁주렁 달리는 걱정들을 정리해보면서 불안과 잘 지낼 수 있는 방법을 찾아보세요.

내 마음 열어보기

나의 불안은 어떤 것들이 있나요?
나의 불안과 연관되는 단어를 떠오르는 대로 자유롭게 써보세요.

그림책 거울 보기

그림책 『불안』은 다양한 색깔로 마음의 상태를 표현한 책입니다.
책 속에서 나의 눈을 사로잡은 그림은 무엇인가요?
그 그림과 연관된 나의 불안에 대해 이야기해보세요.

표지 그림을 보며 생각해 봐도 좋아요.

'불안과 친구가 된다'는 말은 낯섭니다.
무슨 말일까요? 내 나름의 해석을 써보세요.

나의 불안은 어떤 모양인가요?
불안을 느끼는 나에게 질문해보세요.

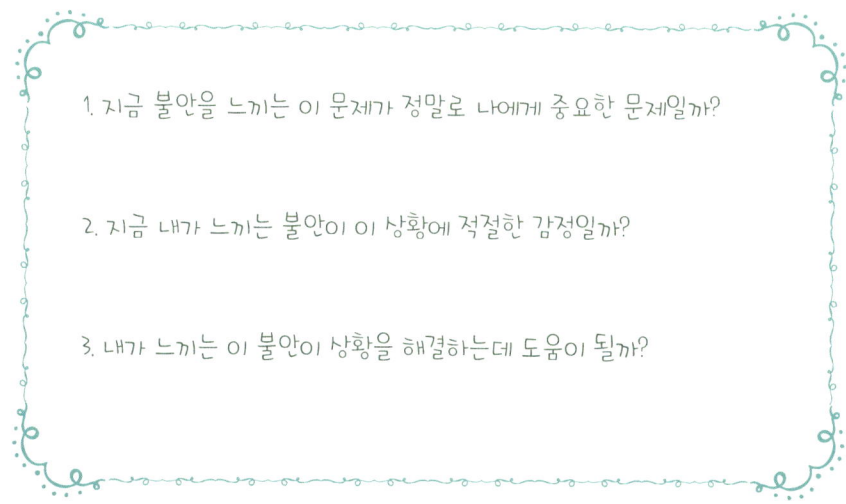

1. 지금 불안을 느끼는 이 문제가 정말로 나에게 중요한 문제일까?

2. 지금 내가 느끼는 불안이 이 상황에 적절한 감정일까?

3. 내가 느끼는 이 불안이 상황을 해결하는데 도움이 될까?

마음 정리하기

걱정 리스트를 만들어보세요.
걱정 리스트를 통해 나의 불안과 동반되는 걱정을 되돌아보고
불필요한 걱정을 어떻게 해결할지 생각해봅시다.

걱정 리스트 만들기 (예시)

내가 가진 걱정들	1 지금 당장 해결이 필요한 일	2 피할 수 없는 일	3 닥쳐서 걱정해도 될 일	4 일어날 가능성이 낮은 일
내일 껄끄러운 사람과 만날 일이 있다.		4		
자꾸 살이 찐다.	2			
부모님과 자꾸 의견 충돌이 생긴다.			3	
내 미래가 깜깜한 것 같다.				3
내일도 지각을 할까 봐 잠이 안 온다.			5	
총점의 합	2	4	8	3

별로 걱정 안 됨:1점/ 조금 걱정 됨:2점/ 보통:3점/ 걱정이 많이 됨:4점/ 매우 심하게 걱정 됨:5점

나의 걱정 리스트 만들기

내가 가진 걱정들	1 지금 당장 해결이 필요한 일	2 피할 수 없는 일	3 닥쳐서 걱정해도 될 일	4 일어날 가능성이 낮은 일
총점의 합				

별로 걱정 안 됨:1점/ 조금 걱정 됨:2점/ 보통:3점/ 걱정이 많이 됨:4점/ 매우 심하게 걱정 됨:5점

1항목의 점수가 높은 경우	지금 당신은 너무 많은 일을 동시에 하고 있나 봅니다. 일을 줄이고 선택과 집중을 하는 지혜가 필요하네요! 모두 다 해야 하는 일이라면~ 가족 또는 도와줄 수 있는 다른 사람과 일을 나눠보세요.
2항목의 점수가 높은 경우	현재 하는 일이 힘들고 괴로운 경우네요. 피할 수 없는 일 가운데 점수가 가장 높은 일이 당신을 가장 힘들게 만들고 있는 일입니다. 우선순위를 이것으로 정하고 먼저 해결해보세요.
3항목의 점수가 높은 경우	당신은 미리 걱정하는 일이 많은 사람! 그때가 되면 상황이 변할뿐더러 아직 변수도 많이 남아 있으며 지금 걱정해봐야 그때 상황은 또 변할 것입니다. 그때 가서 신경 쓰도록 마음을 다스려보세요.
4항목의 점수가 높은 경우	진짜 예민한 성격의 소유자! 필요 없는 걱정으로 에너지를 낭비하고 있으니 정기적으로 1년에 하루만 이 걱정을 하고 대책을 세우는 날을 정해보는 것은 어떨까요?

끄적끄적 마음 치료 낙서장

긁적긁적 아무거나 일기장

분노 들여다보기

『꿀오소리 이야기』
쁘띠삐에 글·그림 | 씨드북

꿀오소리는 늘 친구들에게 화를 냅니다.
고슴도치에게 겁을 주고, 곰에게 덤벼들고, 거북이를 발로 차고,
치타를 사납게 쫓아버립니다.
끊임없이 화를 내는 꿀오소리를 통해 분노가 자신과 타인에게
어떤 영향을 미치는지 생각해 볼 수 있게 됩니다.

#감정조절 #분노 #분노조절장애 #특성분노 #상태분노

좋은 감정 VS 나쁜 감정! 어떤 감정이 좋은 감정이며 어떤 감정이 나쁜 감정일까요? 사실, 감정은 좋다 나쁘다, 또는 옳다 그르다고 이분법적 판단을 할 수 있는 대상이 아닙니다. 또한 끊임없이 움직이고 나라는 존재가 어떤 상태인지 시시각각 알리는 신호입니다. 이 신호는 나를 점검할 수 있게 해줍니다. 그런데 우리는 문화적, 사회적 특성상 부정적 감정을 느끼고 표현하는 것에 대해 적절한 교육을 받지 못해 서툴게 표현하거나, 참는 것을 미덕으로 여깁니다. 대표적인 예가 분노가 아닐까요? '분노'라는 감정은 어떻게 표현되어야 할까요? '분노'라는 감정 속에 다른 속마음이 있지는 않을까요? 이제 『꿀오소리 이야기』의 주인공을 통해 분노에 대해 깊이 들여다보겠습니다.

사소한 일에도 짜증과 분노를 잘 느끼는 사람이 있습니다. 반면에 웬만해서는 분노라는 감정에 잘 빠지지 않는 사람도 있습니다. 또 분노를 즉시 공격적으로 표현하는 사람이 있는가 하면 잘 표현하지 못하는 사람도 있습니다. 이처럼 분노를 표현하는 방식은 성격의 중요한 측면이기도 하지요. 그림책의 주인공 꿀오소리는 분노를 공격적으로 표현하는 성격으로 보입니다. 고슴도치에게 겁을 주고, 곰에게 덤벼들고, 거북이를 발로 차고, 사납게 치타를 쫓고, 친구의 선물을 내팽개치는 등 온갖 이유를 들며 친구들에게 끊임없이 화를 냅니다. 꿀오소리의 분노를 좀 더 들여다보면 다음과 같은 면이 짐작됩니다. 분노는 '상태 분노'와 '특성 분노'로 구분하는데 특정한 상황에서 일시

적으로 분노를 느끼는 것은 '상태 분노'라고 하고, 일상생활에서 분노를 자주 강하게 경험하는 경향을 '특성 분노'라고 합니다. 꿀오소리의 행동을 본다면 특성 분노처럼 보이네요. 그런데 이상하게도 화 많은 꿀오소리가 집으로 돌아가 새끼들을 안아 줄 때만큼은 행복하기 그지없는 표정을 짓고 있습니다. 이 순간 꿀오소리의 분노 속 속마음은 무엇일까 하는 궁금증이 생깁니다. 꿀오소리의 분노에 지친 동물 친구들은 한밤중에 모여 회의를 합니다. 그리고 동이 트기 전 모두 함께 이사를 떠나고 꿀오소리와 새끼들만 남겨집니다. 이제 꿀오소리는 행복하겠지요? 그런데 다음날 아침, 집에서 고개를 빼꼼 내밀고 아무도 없는 것을 확인한 꿀오소리의 눈에서 행복감이 아닌 묘한 감정이 느껴집니다. 그리고 다시 화난 표정을 짓는 꿀오소리를 보면서 책장을 덮습니다.

분노는 매우 다양한 방식으로 표현됩니다. 크게 '분노 표출', '분노 억제', '분노 통제'라는 세 가지 유형으로 구분할 수 있습니다. 『꿀오소리의 이야기』를 통해 분노 표현방식에 대해 이해하며 당신의 분노 속 속마음은 무엇인지 생각해보는 것은 어떨까요? 분노를 적절히 다루는 방법에 대해서도 생각해보면 좋겠습니다.

내 마음 열어보기

당신은 어떤 일로 주로 분노하나요?
분노를 느꼈을 때 나의 마음과 몸의 상태는 어떻게 변하나요?

그림책 거울 보기

꿀오소리는 다양한 이유로 친구들에게 화를 냅니다.
자기보다 작다고 화를 내고, 자기보다 크다고 화를 내고,
자기보다 느리다고 화를 내고, 자기보다 빠르다고 화를 냅니다.
집에 돌아가면 새끼들을 포근히 안아주는 엄마인데 말입니다.
이렇게 이상한 이유로 화를 내는 꿀오소리가 화를 내는 진짜 이유는 무엇일까요?

친구들은 늘 분노를 드러내는 꿀오소리를 보며 그저 피하기에 바쁩니다.
아무도 꿀오소리가 화내는 이유를 물어보지 않습니다.
친구들이 그렇게 행동한 이유는 무엇일까요?

꿀오소리에게 당하기만 하던 친구들은 모여서 불만을 터트립니다.
그리고 꿀오소리가 사는 곳에서 모두 떠나버립니다.
꿀오소리 가족은 홀로 남습니다. 꿀오소리의 마음은 어땠을까요?

꿀오소리를 떠난 동물 친구들의 마음도 이해해봅시다.
살던 곳을 떠나 새로운 곳으로 가야했던 동물들의 마음은 어땠을까요?

마음 정리하기

나는 어떻게 분노를 표현하나요?
내가 화를 냈을 때를 떠올리며 나의 분노 표현방식을 알아봅시다.

세 가지 유형의 분노 표현방식

분노 억제	화는 나 있지만, 겉으로 드러내지 않습니다. 오히려 말을 하지 않거나 사람을 피하고 속으로만 상대를 비판하는 방법으로 분노를 표현합니다.
분노 표출	마음속에 분노가 일어날 때, 화난 표정을 지어 보이고 욕, 말다툼, 과격한 행동을 보이는 경우를 말합니다.
분노 통제	화난 상태를 지각하고 화를 진정시키기 위해 다양한 방법을 구사합니다. 냉정을 유지하고 상대를 이해하려고 노력하며 자신의 감정에 대해 적절한 표현하려고 하는 경우를 말합니다.

일반적으로 '분노 표출'과 '분노 억제'는 역기능적인 분노 표현 행동으로 간주하는 반면, '분노 통제'는 기능적인 분노 표현 행동으로 분류됩니다. 분노 표출이나 분노 억제가 강한 사람은 심장혈관계나 소화계 질환을 많이 보이며, 분노 억제가 강한 사람은 우울감과 절망감을 많이 보였다는 연구도 있습니다. 적절한 분노 통제가 분노를 다스리는 가장 바람직한 분노 표현 방식이라 할 수 있습니다.

지금 내가 주로 하는 분노 표현 방법이 나를 편안하게 하는지 되돌아봅시다.
만약 편안하지 않다면 분노 통제에 이르는 나만의 방법을 다시 찾아봅시다.

마음을 다스리는 시

정원 명상

샤메인 아세라파

고요한 연못이 되라, 너의 얼굴이

빛과 경이로움을 반사하게 하라.

잠자리가 되라, 조용하지만 기쁨에 넘치는.

꽃봉오리가 되라, 피어나기를 기다리는.

나무가 되라, 쉴 그늘이 되어 주는.

나비가 되라, 지금 이 순간의 풍요를 받아들이는.

나방이 되라, 빛을 추구하는.

등불이 되라, 길 잃은 이들의 앞을 비추는.

오솔길이 되라, 한 사람의 갈 길을 열어 주는.

처마에 매달린 풍경이 되라. 바람이 너를 통과하게 하고

폭풍을 노래로 만들 수 있도록.

시를 필사하며 마음을 다스려보세요.

비가 되라, 씻어 내고 맑게 하고 용서하는.

풀이 되라, 밟혀도 다시 일어나는.

다리가 되라, 평화로운 마음으로 건너편에 이르는.

이끼가 되라, 너의 강함을 부드러움과 자비로움으로 누그러뜨리는.

흙이 되라, 결실을 맺는.

정원사가 되라, 자신의 질서를 창조해 나가는.

사원이 되라, 영혼이 네 안에 머물 수 있도록.

계절이 되라, 변화를 기꺼이 맞아들이는.

달이 되라, 어두운 가운데 빛나는.

조약돌이 되라, 시간이 너의 모서리를 둥글게 다듬어 완성하도록.

나뭇잎이 되라, 놓을 때가 되면 우아하게 떨어지는.

원의 순환을 신뢰하라, 끝나는 것이

곧 다시 시작하는 것이므로.

『마음챙김의 시』, 류시화 엮음, 수오서재, 2020

시를 필사하며 마음을 다스려보세요.

마음을 다스리는 음식

화가 나거나 흥분했을 때 마음을 다스리는 데 도움을 주는 음식이 있습니다. 마그네슘(Mg)이 함유되어 있는 음식들인데요, '천연 진정제'로 불리는 항스트레스 식품이라고 불립니다. 정신의 흥분을 가라앉혀주는 역할을 한다고 합니다.

마음을 다스리는 음악

부드럽고 차분한 음악은 마음을 가라앉히지만 강렬하고 빠른 리듬의 곡은 억눌린 감정을 분출하고 에너지를 발산하는 힘이 있습니다. 아람 하차투리안의 발레모음곡 제2번 제5곡 '칼의 춤', 무소르그스키 교향시 '민둥산의 하룻밤', 하이든의 교향곡 제 103번 '큰북 연타' 요한 슈트라우스의 폴카 '천둥과 번개' 등은 대표적인 감정 발산 곡으로 알려져 있습니다.

마음을 다스리는 종이접기

　내가 할 수 있는 종이접기라면 무엇이든 좋습니다. 차분히 반복해서 여러 개를 접다 보면 무념무상의 시간이 옵니다. 어느새 분노는 잦아들고 지난 시간을 뒤돌아보고 있는 자신을 발견하게 되지요.

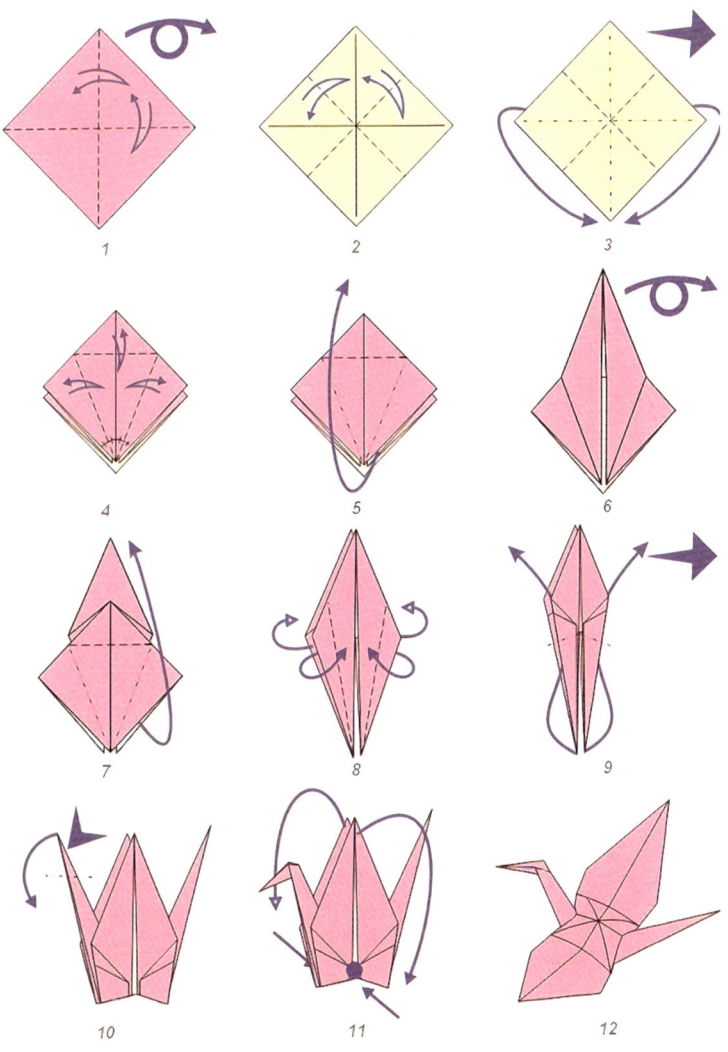

긁적긁적 마음 치료 낙서장

끄적끄적 아무거나 일기장

마음의 감기, 우울

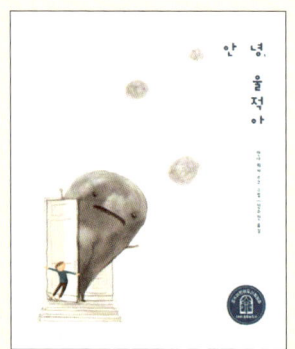

『안녕, 울적아』
안나 워커 글·그림 | 모래알

누구에게나 우울한 날은 옵니다.
『안녕, 울적아』는 우리가 일상에서 느끼는 우울한 감정을
'울적이'라는 캐릭터로 표현한 그림책입니다.
울적이를 만나 빌이 겪는 감정의 변화들을 따라가다 보면
내가 겪는 우울이 무엇이며 우울을 어떻게 처리하고 있는지
나의 모습을 떠올릴 수 있게 됩니다.

#우울 #번아웃 #우울감 #우울증 #마음의감기 #수용 #마음챙김

마음을 치료하는 거리의 의사로 알려진 정혜신 박사는 이렇게 이야기합니다.

"태풍이나 쓰나미가 우리 일상을 벼랑으로 몰기도 하지만 그렇다고 그것이 지구의 병은 아니며, 추우면 소름 돋고 더우면 땀 흘리는 것이 잘못된 현상도 아니고 병도 아니다. 내 몸이 체온조절을 위해 알아서 대응하는 중에 나타나는 현상이다. 감정도 그렇다. 슬픔이나 무기력, 외로움 같은 감정도 날씨와 같아 병이 아닌 내 삶의 자연스러운 반응이니 우울은 질병이 아닌 삶 그 자체이다."라고 말입니다. 무력감과 우울은 지금의 마음 상태를 반영하는 거울입니다. 잠시 주저앉아 나의 삶을 돌아보는 시간을 가지라고 말이지요.

2020년 코로나19 팬데믹으로 인한 일상의 큰 변화는 '코로나 블루'라는 신조어를 만들어냈습니다. '우울이 삶 그 자체이다'라는 말로 위로하기에는 너무나 많은 시간을 전염병에 대한 불안과 두려움으로 보냈기 때문입니다. 더불어 사회적 거리두기라는 기나긴 제약으로 인해 무기력까지 느끼며 지내야 했습니다. 요즘 당신의 마음은 어떤가요? 우울감이 가득하다면 그림책 『안녕, 울적아』를 함께 보는 것은 어떨까요?

주인공 빌은 아침에 눈을 떠 창밖의 우중충한 날씨를 봅니다. 날씨만큼 우울해진 빌은 등교 준비로 하는 모든 일이 마음대로 되지 않습니다. 빌이 좋아하는 양말은 어디로 갔을까요? 우유를 쏟고, 시리얼은 퉁퉁 불어 맛없어지고, 등굣길도 온통 거슬리는 일들로 가득하네요. 그러는 사이 빌 옆에서 조용히 커지는 뭔가가 있습니다. 바로 '울적이'입니다. 빌은 울적이의 존재가 조금 신경 쓰이지만, 아는 척하지 않으려고 합니다. 그냥 사라지기를 바랍니다. 그런데 사라지지 않으니 밀어내고자 안간힘을 써보기도 합니다. 하지만 울적이는 여전히 빌의 주변을 맴돕니다. 그렇다면 뭔가 다른 방법을 써야겠지요. 과연 주인공 빌은 어떻게 했을까요?

　그림책 『안녕, 울적아』는 '우울'을 다루는 방법에 대해 고민하게 합니다. 빌은 우울한 감정을 사라지게 하기 위한 여러 가지 시도를 잠시 멈추고, '울적이'를 있는 그대로 받아들이기로 합니다. 이 과정을 통해 자신의 속마음도 들여다봅니다. 덕분에 우울이라는 감정을 잘 다루게 되네요.

　우울과 함께 많은 생각들이 내 안에 가득해지면 '우울해지면 안 돼.'라고 하기보다는 '아, 우울이 또 왔구나!'하고 자신에게 친절하게 대해 주세요. 그리고 지금 어떤 생각들이 휘몰아치고 있는지, 어떤 마음이 드는지 내 머릿속과 마음속을 관찰해 주세요. 그러다 보면 진짜처럼 보였던 생각 속의 일들이 실은 그저 생각에 불과했다는 것도 알게 됩니다. 그리고 주인공 빌처럼 우울에 밀려 눈치채지 못하고 있던 당신의 좋은 생각들도 다시 보게 될 것입니다.

내 마음 열어보기

우울이 나를 사로잡을 때 나는 어떤 모습이 되나요?
나의 몸과 마음에서 일어나는 변화들을 관찰해봅시다.

나의 몸은

나의 마음은

그림책 거울 보기

빌은 왜 자신의 우울에 대해 엄마에게 말하지 못했을까요?
우울을 드러내지 않고 숨기는 이유를 생각해봅시다.

울적이를 피하고, 대적하던 빌은 마침내 울적이의 손을 잡습니다. 그림책은 그 순간을 "오후 햇살을 받아 길거리는 반짝반짝 빛나고, 아이들은 까르르 웃고, 개가 멍멍 짖었습니다. 빌도 웃음을 지었습니다."라고 표현했습니다. 이 말은 빌의 어떤 변화를 말해주고 있나요?

빌은 울적이가 작아지면서 그동안 보지 못했던 다른 세상을 보게 됩니다.
울적이에게 밀려 미처 알아차리지 못한 나의 좋은 생각들은 어떤 것이 있을까요?

마음 정리하기

울적이와 함께 살아가고 있지만 나보다 울적이가
거지지 않게 하는 나만의 방법을 생각해보세요.
나만의 규칙을 통해 '울적이를 다루는 지혜로운 방법'을 만들어봅시다.

하지 말기 규칙

하기 규칙

긁적긁적 마음 치료 낙서장

굵적굵적 아무거나 일기장

미움을 대하는 자세

『미움』
조원희 글·그림 | 만만한책방

아이는 어느 날 갑자기 친구로부터
"너 같은 거 꼴도 보기 싫어!" 라는 말을 듣습니다.
눈물이 나올 것 같았지만 그저 '나도 너를 미워하기로' 합니다.
그때부터 미움은 점점 커져만 가고 마음은 '미움'에 점령당하고 맙니다.
어떻게 이 미움을 해결할까요?
미움을 해결하는 아이의 방법을 들여다봅시다.

#미움 #가시 #미움해결하기 #미움에대한태도

때로는 누군가의 말이나 행동이 나에게 상처로 다가오는 경우가 있습니다. 특히 이유를 알 수 없는 상황에서 상대방의 태도와 행동때문에 받은 상처는 우리를 '미움'이라는 소용돌이 속으로 밀어 넣고 맙니다. 누군가를 미워하는 것은 힘든 일입니다. '미움'이라는 감정을 마음속에 품기 시작하면 일상의 순간들은 그를 미워하는 마음과 생각으로 가득 차고 상대는 모르는 나만의 괴로운 시간을 보내게 되기 때문이지요. 시간이 흐르면 그 상황은 희미해지지만 '미움'이라는 감정은 기억에 남으니 참으로 씁쓸해집니다. 이러지도 저러지도 못하는 마음, '미움'을 과연 어떻게 해야 할까요?

그림책 『미움』의 주인공은 어느 날 한 아이에게서 생전 들어보지 못한, 눈물이 날 만한 말을 듣고 맙니다. "너 같은 거 꼴도 보기 싫어." 이유도 말해주지 않고 비수 같은 말 한 마디를 던지고 가버린 그 아이를 어떻게 해야 할까요? 주인공은 그 아이를 미워하기로 하고 틈날 때마다 상황을 떠올리며 미움을 곱씹습니다. 밥을 먹을 때도, 숙제를 하면서도, 신나게 놀 때도, 그 아이를 떠올리며 미워합니다. 편안하게 쉬어야 하는 시간에도, 따뜻한 욕조 안에서 나른한 여유를 즐겨야 하는 때에도, 미워하는 일은 계속됩니다. 그런데 그럴수록 속이 시원해지기보다는 미움이 더욱 커지기만 하니 이상한 일입니다. 주인공은 '부스럼은 신경 쓰여도 만지지 말고 가만히 두어야 낫는다'는 엄마의 말을 떠올리며 이런 생각을 하지요. '가만히 기다리면 미움도 사라질까?'라고 말입니다. 그리고 미워하는 동안 괴로웠던 자신의 마음을 들여다보고 평온함을 되찾아 가면서 회심의 한 방을 날립니다. "나는 너를 미워하지 않기로 했어."라고 말이지요. 미움이라는 족쇄를 그 아이에게 넘기고 돌아서 가는 주인공의 뒷모습이 가벼워 보입니다.

  미움이 마음에 가득 차게 되면 부정적인 생각과 부정적인 감정들을 일깨워 자신을 들들 볶습니다. 하지만 그런 시간들은 나름대로 미움의 족쇄에서 벗어나고자, 미움으로부터 자신을 지키고자 애쓰는 모습이기도 합니다. 그런데 그림책『미움』은 미움이 올라올 때 상대가 아닌 나에게 시선을 집중해서 나의 미움을 들여다보고 다친 내 마음을 위로해 주라고 합니다. 어찌 보면 주인공처럼 '그냥 잊기'가 좋은 방법일 수도 있습니다. 그러나 그렇게 간단하지 않다면 나의 감정은 언제 어떻게 처리해야 하는 걸까요? 그림책『미움』과 함께 복잡 미묘한 '미움'이라는 감정을 대하는 자세에 대해 생각해봅시다.

내 마음 열어보기

때로는 사람의 말이나 행동이 상처가 되어 그 사람을 미워하기도 합니다.
당신에게 상처가 되면서 미움을 키운 말 또는 행동은 어떤 것이 있었을까요?

그림책 거울 보기

'너 같은 거 꼴도 보기 싫어!'라는 말을 처음 들은 주인공은 '너를 미워하기로' 합니다. 친구의 말이 어떤 의미로 들렸기에 '미워하기로' 결정을 내렸을까요?

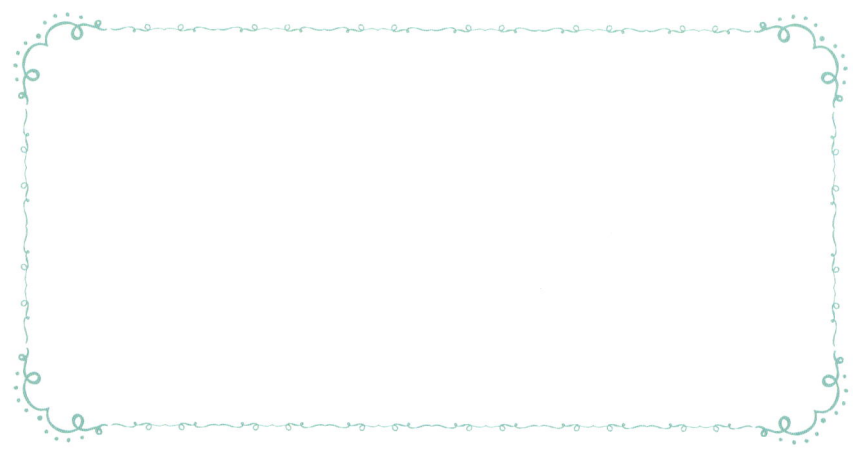

목구멍에 가시처럼 따갑고 성가실 만큼 미운 사람이 나에게도 있나요? 왜 그 사람이 미워졌는지 생각해봅시다.

마음 정리하기

주인공은 미움을 해결하는 방법으로 '그냥 잊기'를 선택합니다.
나는 이 방법에 대해 어떻게 생각하나요?
그렇게 생각하는 나의 이유를 들여다보세요.

적절한 방법이다

좋은 방법이 아니다

미움에 대한 명언입니다. 필사하며 내 마음의 미움에 대해 생각해보세요.

바람과 마주 서서 먼지를 털면 그 먼지가 전부 내게로 돌아오듯이, 미움을 미움으로 대하면 그 미움은 반드시 내게로 돌아온다.
 - 카네기

우리가 사람을 미워하는 경우 그것은 단지 그의 모습을 빌려서 자신 속에 있는 무엇인가를 미워하는 것이다. 자신 속에 없는 것은 절대로 자기를 흥분시키지 않는다.
 - 헤르만 헤세

미워하는 마음이 드는 것은 상대방이 내 마음대로 안 되기 때문이다. 미움은 내 마음에서 생기는 것이다. 그들은 그들 나름대로 다 옳다고 생각하면 내 짜증과 미움이 없어진다.　　　　　　　　　　　　　　　　　　　　　　　　- 법륜 스님

나무는 제 손으로 가지를 꺾지 않는다. 그러나 사람은 제 미움으로 가까운 이들을 베어버린다.　　　　　　　　　　　　　　　　　　　　　　　　　- 톨스토이

굵적굵적 마음 치료 낙서장

끄적끄적 아무거나 일기장

생각의 전환

『중요한 문제』
조원희 글·그림, 이야기꽃

수영 강사 네모 씨에게 문제가 생깁니다.
정수리에 동전만 한 원형탈모가 시작된 것입니다.
네모 씨는 의사의 지시대로 탈모에 나쁜 것은 하나, 둘 하지 않게 됩니다.
그런데 문제는 그것들이 모두 네모 씨가 매우 좋아하던 것들입니다.
좋아하는 것을 하지 못하게 되자 행복하지 않게 됩니다.
행복을 위해 네모 씨가 선택한 해결책은 과연 무엇일까요?

#중요한 문제 #스트레스 #행복 #좋아하는것 #소확행 #고민

우리나라 사람들이 자주 사용하는 외래어 중 1위가 스트레스(stress)라는 보도가 있었습니다. 그만큼 스트레스라는 말을 입에 달고 사는 것이 현대인의 특징이라 여겨집니다. 그런데 스트레스는 같은 상황에서 같은 강도로 주어지더라도 개인에 따라 받아들이는 정도에 차이가 있습니다. 어떤 사람에게는 대수롭지 않은 일이 누군가에게는 아주 큰 고민거리가 되기도 합니다.

만병의 근원이라고 하는 스트레스, 어떻게 다스려야 할까요? 한 방에 훅 날릴 좋은 방법은 무엇이 있을까요? 혹시 깊은 고민에 빠져 나날이 스트레스가 쌓여가고, 가야 할 방향을 잡지 못한 적은 없었나요? 생각을 조금 바꿨더니 끙끙 앓던 고민이 의외로 쉽게 해결되어 앓던 이가 쏙 빠진 것처럼 속 시원해질 수도 있답니다. 그림책『중요한 문제』의 주인공 네모 씨의 스트레스를 따라가 보겠습니다.

어느 날, 네모 씨에게 문제가 생겼답니다. 바로 동전 크기의 원형 탈모가 시작된 것입니다. 네모 씨는 수영 강사로 많은 사람을 상대해야 하는데 사람들의 시선이 걱정되기 시작합니다. 탈모는 네모 씨의 마음을 괴롭혔고 불안하게 했습니다. 결국 의사를 찾아갑니다. 의사는 네모 씨에게 지금까지 해오던 모든 일들은 탈모에 좋지 않으니 하지 말라고 합니다. 의사의 처방에 따라 네모 씨는 행복하게 해 오던 모든 일을 멈췄습니다. 땀나게 달리기, 자전거 타고 출퇴근하기, 뜨

거운 물에 목욕하고 시원한 맥주 마시기, 사랑하는 반려견과 함께 자기 등 좋아하는 모든 것을 하지 못하게 됩니다. 의사가 처방한 약과 연고, 두피 마사지만 열심히 합니다. 네모 씨는 하지 말아야 할 것과 해야 할 것이 많아짐에 따라 점점 지쳐가고 스트레스만 쌓여갑니다. 웃음도 잃고 신경이 곤두서고 의욕도 없어지고 행복하지도 않았답니다. 고민 끝에 네모 씨는 지난날 행복했던 때를 기억하며 생각을 바꾸기로 마음먹고 자신만의 해결 방법을 찾습니다. 무엇일까요?

중요한 문제가 생겼을 때 그 문제를 해결하는 방향이 내가 원하지 않는 방향이라면 계속 해나가긴 힘든가 봅니다. 삶에 큰 지장을 초래하지만 않는다면 누군가의 조언보다 자신이 원하는 해결 방법을 찾아가야 찬찬히 해결해 나갈 수 있을 거라는 생각이 듭니다. 고민 해결이 막막하기만 할 때 만족스러운 해답을 찾기는 쉽지 않습니다. 그럴 때 실마리를 푸는 방법의 하나는 '생각의 전환'입니다. 생각을 바꾸는 작은 시도가 중요한 문제를 해결하는 데 결정적 도움이 되기도 합니다. 일상에서 중요하게 여기는 일에 스트레스를 받고 있다면 관습이나 습관에 얽매이지 말고 생각을 조금 바꾸어 내가 원하는 해결 방향을 찾아가 보세요. 스트레스는 날아가고 예상하지 못한 행복을 맛보게 될 것입니다.

내 마음 열어보기

요즘 내가 받는 스트레스는 무엇이 있나요?
그 스트레스를 나는 어떻게 해결하나요?

그림책 거울 보기

지금 내가 생각하고, 고민하고 스트레스 받는 중요한 문제가 알고 보면
다른 사람들에게는 별것 아닌 문제일 수 있습니다.
나의 문제가 정말 다른 사람도 모두 중요하게 여기는 풀기 어려운 문제일까요?
나를 힘들게 하는 문제를 문장으로 적으며 문제와 조금 떨어져
객관적인 시선으로 바라보세요.

스트레스를 퇴치할 나의 일상 속
'소확행'(소소하지만 확실한 행복)은 무엇이 있을까요?

스트레스 : 자신의 안정을 위협하는 것으로 지각되어 대응 능력이 필요하다고 느끼는 상황을 말합니다. 즉, 외부자극에 대한 신체적 정신적 반응이 나타나는 것이지요. 스트레스는 긍정적 스트레스와 부정적 스트레스로 구분합니다. 긍정적 스트레스는 졸업, 입학과 같이 새로운 도전과 관계되는 스트레스이며 삶의 활력이 되기도 합니다. 부정적 스트레스는 지속적인 경계와 준비 태세를 필요로 하는 해로운 상태의 스트레스를 말합니다. 대표적으로 인간관계의 불편함, 상실감 등에서 오는 것들 입니다.

'내 마음 열어보기'에서 발견한 나의 스트레스 상황에서
스트레스를 대하는 나의 사고를 생각하며 '나만의 사고 기록지'를 써봅시다.

나의 스트레스 상황	스트레스 사건 관련 나의 사고 내용	
	긍정적 사고	
	부정적 사고	
	긍정적 사고	
	부정적 사고	
	긍정적 사고	
	부정적 사고	

위에서 발견한 나의 부정적 사고를 비롯해
스트레스를 어떤 방법으로 처리할지 '스트레스 극복법'을 적어봅시다.

생각 바꾸기 (손해가 되는 사고를 이익이 되는 사고로 바꿔보기)	예) 반밖에 안 남았네. → 반이나 남았네.
육체적 이완 운동	예) 요가, 스트레칭, 복식호흡 등
생활 속 지혜	예) 수면, 식습관, 웃음, 슬픈 영화 보고 울기, 음악 감상 등
명상	예) 명상법(유튜브 등을 통해 나에게 맞는 명상법을 찾아보는 것은 어떨까요?)

굵적굵적 마음 치료 낙서장

굵적굵적 아무거나 일기장

3장 마주보기 | 타인과의 관계 연습

우리에겐 얼마만큼의
거리가 필요한가

『적당한 거리』
전소영 글·그림 | 달그림

관계에 관한 단상을 작가가 좋아하는 '화분 돌보기'라는
소재로 담담하게 풀어낸 그림책입니다.
씨앗을 심고, 물을 주고, 햇볕이 적당한 곳에 자리를 잡아 주는 등
'식물 키우기'에 대한 이야기를 하고 있지만,
책장을 덮고 나면 인간관계에 대한 지혜를 얻게 됩니다.

#관계 #보살핌 #적당한거리 #배려 #존중 #이해

'믿는 도끼에 발등 찍힌다.'라는 말이 있습니다. 믿었던 사람이 실망을 주거나 배신을 하면 상처를 받게 된다는 뜻의 우리 속담입니다. 인간관계의 미숙이 우리 마음에 흉터를 만들어낼 수 있다는 사실을 말해주고 있습니다. 미국의 초대 대통령 조지 워싱턴은 모든 사람을 친절하게 대하되 몇 사람만 친하게 지내고 친한 사람들도 쉽게 신뢰해서는 안 된다는 말을 했다고 합니다. 이 또한 인간관계의 상처를 피하기 위한 처세술이라 할 수 있습니다. 사람과 사람의 관계를 만들어 갈 때 누군가와 적당한 거리를 두고 경계를 하며 무조건적인 신뢰는 피해야 한다고 생각하니 좀 야박하게 느껴지기도 합니다. 함께 사는 것이 우리네 숙명이기에 관계를 만들어가는 일을 아주 노련하게 한다면 좀 더 즐겁고 행복하게 살 수 있을 텐데 말입니다.

그림책 『적당한 거리』는 사람과 사람 사이에 '적당한 거리'가 필요한 이유에 대해 생각해보게 합니다. 작가는 식물 키우기에 대해 이야기하며 넌지시 인간관계를 빗대고 있습니다. 이야기는 이렇게 시작합니다.
"네 화분들은 어쩜 그리 싱그러워?"
"적당해서 그래. 뭐든 적당한 건 어렵지만 말이야."
가만히 보면 식물들도 제각각 좋아하는 게 다르고, 필요한 게 다른데 꼼꼼히 들여다보고 그걸 알게 되면 '적당한' 그 무엇을 찾을 수 있다고 합니다. 적당한 햇빛, 적당한 흙, 적당한 물, 적당한 거리. 그러기 위해서는 앞서 판단하지 않고, 기다려주고, 스스로 떨구는 잎은 거두어주는 도움을 주어야 한다고 합니다. 한 발자국 물러서 보면 돌봐야 할 때와 내버려 둬야 할 때를 알 수 있을 거라고 이야기하지요. 우리네 사이도 그렇다구요.

계절이 바뀔 때마다 새로운 화초들을 베란다에 들여놓는 일은 즐겁습니다. 베란다에 푸릇푸릇한 녀석들이 새롭게 채워지면 기분이 좋아 자주자주 들여다보며 물을 계속 주기도 합니다. 그러다가 물을 너무 많이 주는 바람에 죽어버린 꽃들도 많이 있었습니다. 시간이 지나면 관심이 시들해져 꽃들을 방치하고 물 주는 걸 잊기도 했습니다. 그래서 말라버린 녀석들도 있었지요. 생각해보면 인간관계에서도 물을 너무 많이 주거나 아예 관심을 주지 않아 내 곁에서 떠나버린 친구도 있었네요. 무엇이 잘못되었던 걸까요? 얼핏 들으면 야박하게 들리는 '적당한 거리', 이 거리는 사실 서로의 진짜 모습을 더 자세히 볼 수 있는 거리, 서로의 필요를 알아볼 수 있는 거리였음을 몰랐나 봅니다. 너무 기대하지 말고, 숨 막히게 다가가지도 않는 '적당한 거리' 그 '적당함'을 찾아가는 지혜, 이제 찾아가 보겠습니다.

내 마음 열어보기

지금 나를 가장 힘들게 하는 관계는 누구와의 관계인가요?
그 관계가 힘든 이유를 생각해보세요.

그림책 거울 보기

나에게도 관심이 지나쳐서 끊어져 버린 관계나 관심이 부족해서 힘들어진 관계가 있나요? 누구와의 관계였는지 생각해봅시다.

식물에 대해 안다는 것은 그 식물의 상태를 이해한다는 것입니다.
인간관계에서 '안다는 것'은 무엇일까요?

'가지를 잘라 줘야 힘이 모여 더 단단해진다'는 말은
인간관계에서 어떻게 적용될까요?

마음 정리하기

지금 나의 마음속에 떠오르는 사람이 있나요?
그 사람에 대해 생각해보세요.

책을 읽기 전 나에게 그 사람은…	
내가 판단했던 그 사람의 모습	
책을 따라가며 그 사람 이해하기	
그 사람을 가만히 살펴보면….	
그 사람을 서두르지 않고 기다려준다면….	
그 사람을 한 발 뒤로 물러서서 보면….	
그 사람을 돌봐야 할 때와 내버려 둬야 할 때는….	
그 사람과의 적당한 거리를 표현한다면….	예) 가끔 카톡으로 안부를 물어볼 만한 거리

굵적굵적 마음 치료 낙서장

끄적끄적 아무거나 일기장

관계 맺기의 지혜

『큰 늑대 작은 늑대』
나딘 브룅코슴 글, 올리비에 탈레크 그림 | 이주희 옮김 | 시공주니어

낯선 존재를 친구로 받아들이기까지 마음의 변화를
찬찬히 알려주는 그림책입니다. 늘 혼자였던 큰 늑대는
어느 날 문득 나타난 작은 늑대가 자신의 영역을 침범할까 봐 경계합니다.
하지만 차츰 마음을 여는 방법을 배우게 됩니다.
큰 늑대와 작은 늑대의 모습을 통해
낯선 누군가와 친구가 되는 방법을 알아보세요.

#관계맺기 #알아가기 #표현하기 #새로운만남 #친구되기 #함께하기

누군가와 관계를 맺어가는 것은 결코 쉬운 과정이 아닙니다. 생각하고 배려하고 양보해야 하니 때론 피곤하기도 하지요. 서로의 공감과 소통이 관계 맺기의 기본인데 그러려면 누군가 먼저 다가가기 시작해야 하고 상대방 역시 호응을 보이고 공감해주는 과정이 필요하겠지요. 우리 사회는 다양한 사람들로 이루어져 있는 커다란 관계의 덩어리입니다. 따라서 관계 맺기를 원활히 해갈 때 삶은 훨씬 더 풍성해질 수 있습니다. 혼자 살 수 없는 사회에서 처음 만나는 사람과 어색하지 않게 자연스러운 관계를 만들어 가는 것은 큰 능력입니다. 그래서 사교성 좋은 사람이 부러울 때도 있어요. 좋은 관계를 유지하는 첫 번째 단추를 어떻게 끼울지 함께 고민해 볼까요?

그림책 『큰 늑대 작은 늑대』는 관계 맺기에 대한 고민을 담은 그림책입니다. 어느 날 혼자 살던 큰 늑대에게 작은 늑대가 찾아옵니다. 큰 늑대는 멀리서 다가오는 작은 늑대를 보고 자기보다 클까 봐 겁이 났지만 작다는 걸 알게 되자 마음이 놓였답니다. 둘은 나무 밑에서 만났지만 아무 말도 하지 않고 서로 곁눈질만 합니다. 밤새 같은 공간에 있으면서도 한마디도 하지 않습니다. 다음 날 큰 늑대는 산책을 하러 숲속으로 들어가면서 계속해서 작은 늑대의 존재를 확인합니다. 그러니까 작은 늑대가 이미 큰 늑대의 삶으로 들어왔다는 것입니다. 그런데 산책을 마치고 다시 언덕 위 나무로 돌아왔을 때 작은 늑대가 보이지 않았습니다. 큰 늑대는 처음으로 자신이 아닌 누군가 때문에 불안해합니다. 작은 늑대가 빨리 돌아오기만을 기다립니다. 작은 늑대가 다시 돌아오면 못 해준 것들을 더 잘해 줘야지 생각하면서요. 다행스럽게도 작은 늑대가 돌아왔습니다. 큰 늑대는 "어디 갔었니?"라고 처음으로 말을 건넵니다. 둘은 그렇게 말을 하기 시작하고 큰 늑대의 어깨에 작은 늑대가 살며시 기댑니다. 큰 늑대와 작은 늑대의 관계가 어떻게 될지 흥미롭습니다.

  이 책은 큰 늑대의 시선으로 이야기가 진행됩니다. 큰 늑대의 마음의 변화가 느껴지지요. 낯선 존재가 어느새 행복을 주는 존재로 변하는 과정이 잘 드러나 있어 읽는 내내 마음이 따듯해집니다. 이 책을 보고 있으니 낯선 사람에게 말 한 번 걸어 보는 것도 어려워하는 현대인의 모습이 떠올려지네요. 누군가를 생각하며 웃을 수 있고, 그 존재가 사라졌을 땐 슬픔을 느끼는, 그 모든 일이 혼자일 땐 경험할 수 없는 것들입니다. 관계 속에 살아가는 세상, 함께 하는 세상이 아름답다는 걸 『큰 늑대 작은 늑대』를 통해 알게 되었네요.

내 마음 열어보기

새로운 사람을 만났을 때 그 사람과 좋은 관계를 맺고 싶어지면
나는 어떤 행동을 하나요?

그림책 거울 보기

큰 늑대는 큰 나무 밑으로 올라온 작은 늑대와
하루종일 아무 말 없이 곁눈질만 하며 서 있었습니다.
둘은 어떤 생각과 어떤 마음이었을까요? 말 주머니에 표현해보세요.

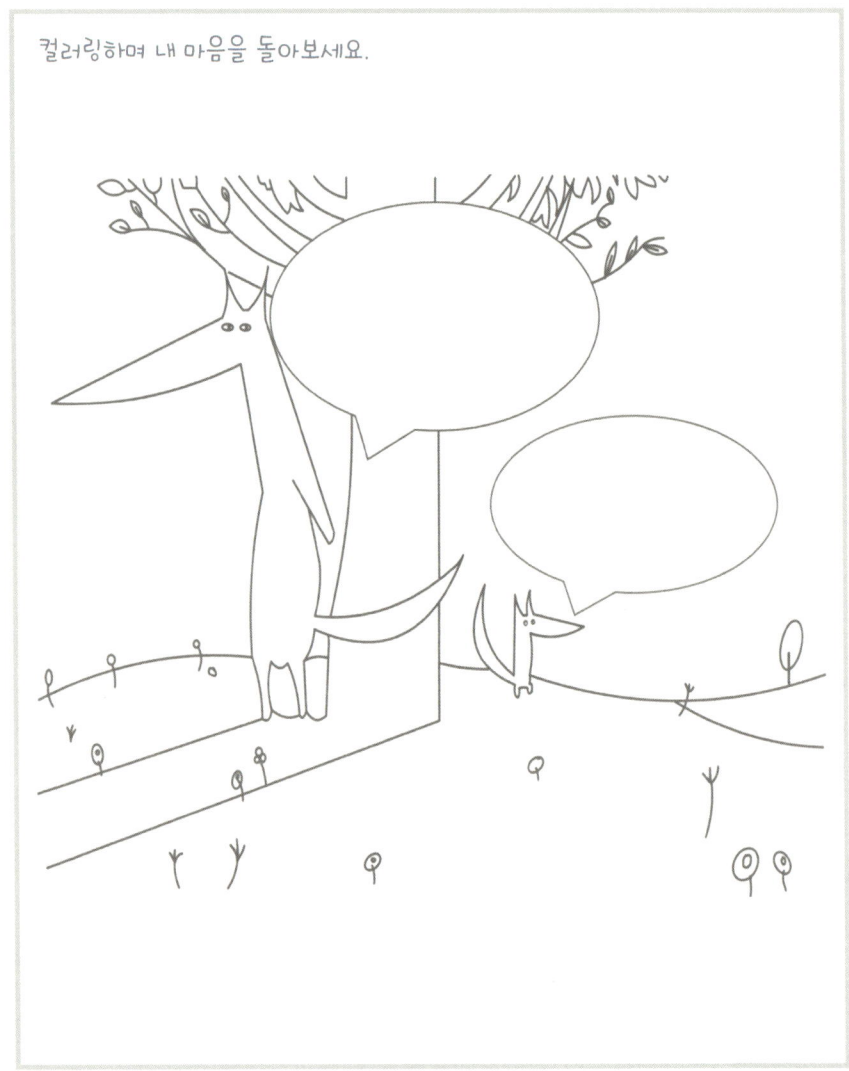

컬러링하며 내 마음을 돌아보세요.

큰 늑대는 아침을 먹고 산책을 갔고, 작은 늑대는 나무 밑에 앉아 있었습니다.
둘은 왜 여전히 서로 아무 말도 하지 않고 헤어진 것일까요?

큰 늑대는 작은 늑대를 위해 처음에는 담요를 조금 내주고
다음에는 열매를 조금 내어주며 마음을 엽니다.
큰 늑대와 작은 늑대의 모습에서 배울 수 있는 관계 맺기의 지혜는
어떤 것이 있을까요?

마음 정리하기

다음 구절은 큰 늑대와 작은 늑대가 비로소 친구가 되는
아름다운 장면을 담은 구절입니다.
나와 '관계 맺기'를 시작한 그 혹은 그녀를 떠올리며
비어있는 괄호를 채워보세요.

멀리 작은 점이 보였습니다. 너무 (　　　　　　　) 해서 내가 아니면,

또 그렇게 기다리지 않았으면, 누가 다가오는 줄도 몰랐을 것입니다.

나는 기뻐서 가슴이 뛰었습니다. 그러기는 처음이었습니다.

작은 점이 점점 커졌습니다. 나는 생각했습니다.

'저게 (　　　　　　) 이기만 했으면.' 또 이렇게도 생각했습니다.

'그 애가 나보다 (　　　　　　) 도 어쩔 수 없지.'

(　　　　　　　) 는 언덕을 올라와서 나무 밑에 앉았습니다.

내가 물었습니다. "어디 갔었니?"

(　　　　　　　) 는 아무것도 가리키지 않으면서 대답했습니다.

"저어기."

"네가 없으니까 (　　　　) 해."

"나도 (　　　　) 해." 그러고는 나의 어깨에 살며시 머리를 기댔습니다.

나는 기분이 좋았습니다.

이제 언제까지나 (　　　　　　) 가 함께 있을 것입니다.

긁적긁적 마음 치료 낙서장

긁적긁적 아무거나 일기장

왜 하고 싶은 말을 하지 못하니?

『곰씨의 의자』

노인경 글·그림 | 문학동네

곰씨는 자기 의자에서 혼자 책을 읽고 음악 듣는 시간이 행복합니다.
그런데 어느 날, 불쌍한 토끼에게 의자 한 켠을 내어주면서부터
차츰 불편한 일이 생깁니다.
그 불편은 점점 곰씨를 힘들게 하지만 토끼에게 말하지 못합니다.
곰씨를 통해 모두가 행복해지는 소통의 지혜를 찾아보세요.

#관계욕구 #자기만족 #솔직하기 #의사소통 #미움받을용기

자신의 속마음을 다른 사람에게 말할 때는 큰 용기가 필요합니다. 불편하다고 솔직히 말하면 상대방이 기분 나빠할까 봐 염려스럽기도 하고, 좋았던 관계가 멀어질까 봐 걱정되기도 해서 혼자 끙끙 앓기만 하고 말을 하지 못 할 때도 많이 있습니다. 하지만 자신의 마음을 표현하지 않는다면 상대방은 그 마음을 헤아리지 못하는 게 당연하지요. 상대는 내 마음이 어떤지도 모르는데 내 마음을 알아달라고 하는 건 어찌 보면 욕심일 수도 있습니다. 용기 내서 솔직하게 말하고 마음을 전달한다면 상대와의 관계가 더 좋아지기도 합니다. 내 생각이나 내 말이 와전되어 이상한 오해가 생기는 것도 막을 수 있습니다.

책의 주인공 곰씨는 자신의 의자를 좋아합니다. 그곳에 앉아 혼자만의 명상을 즐기곤 합니다. 하지만 때로는 이웃에게 곁을 내어줄 줄 아는 인정 많고 배려심이 많은 곰씨입니다. 그런데 어느 날, 곰씨는 토끼 마을에서 쫓겨난 토끼가 하소연하는 것을 듣고 잠시 쉬어가라고 의자의 한 곁을 내어줍니다. 처음엔 자신이 토끼한테 베푼 친절함과 넉넉함에 흐뭇했겠지요?

하지만 곰씨의 의자에 놀러 오는 토끼 가족이 점점 늘어나면서 곰씨의 공간은 침해당하기 시작합니다. 혼자만의 시간도, 평범하고 행복했던 일상들도 모두 엉망이 되어버립니다. 금실 좋은 토끼 부부는 새끼를 점점 많이 낳았고 토끼 가족 모두가 곰씨의 의자에 매일같이 놀러 오는 바람에 곰씨는 점점 더 불편해집니다. 그런데도 곰씨는 불편하다는 진심을 말하지 못하고 끙끙 가슴앓이만 합니다. 하고 싶은 일도, 하고 싶은 말도 하지 못하자 곰씨의 몸과 마음은 피폐해져 갑니다. 급기야 곰씨는 자신만의 소중한 공간에 아무도 오지 못하게 하려고 의자에 똥까지 쌌답니다! 그러나 모든 노력은 수포로 돌아갑니다. 그날 마침 억수 같은 비가 쏟아지고 말았거든요.

그런데 곰씨의 고민은 생각보다 쉽게 해결됩니다. 곰씨가 드디어 용기를 냅니다. 토끼들을 불러놓고 솔직하게 얘기 합니다. "난 이 의자에서 가끔 혼자 있고 싶고 조용히 책도 읽고 명상할 시간도 필요해. 그래서 나에게 행복을 주는 아주 중요한 의자라고." 토끼 가족은 미처 곰씨의 마음을 생각하지 못하고 한 행동들을 곱씹어 봅니다. 곰씨의 속마음을 이해하고 서로 조금씩 배려하며 조심스럽게 놀게 되지요.

곰씨는 왜 토끼 가족에게 자신이 불편하다는 말을 처음부터 하지 못했을까요? 토끼들이 싫어할까 봐? 아니면 자신을 싫어할지도 모른다는 생각 때문이었을까요? 혼자서 끙끙 앓던 곰씨가 용기를 내어 말했을 때 문제가 해결되었답니다.

주변 사람들과 좋은 관계를 맺는 것은 '적당한 거리를 유지하는 방법', '잘 거절하는 방법', '하고 싶은 말을 부드러운 말로 이끌어 가는 법', 등의 적절한 요령이 필요합니다. 이런 것들을 자연스럽게 해내기가 쉽지는 않겠지만 서로를 위해 조금씩 연습해 간다면 곰씨와 토끼 가족처럼 좋은 관계를 만들어 갈 수 있지 않을까요?

내 마음 열어보기

상대와 다른 생각을 갖고 있지만 관계가 불편해질까봐 '아니요'라고 말하지 못하는 경우가 있나요? 나는 어떤 때에 그런 행동을 하고 있는지 생각해보세요.

착한 아이 콤플렉스(good boy syndrome) : 타인으로부터 착한 아이라는 반응을 듣기 위해 내면의 욕구나 소망을 억압하는 말과 행동을 반복하는 심리적 콤플렉스를 뜻합니다. 이러한 심리는 주로 유기 공포(fear of abandonment)에 적응하기 위한 방어기제로 탄생하여 유아적 의존 욕구를 억압하게 됩니다. 유아기에 이를 바르게 해결하지 못하고 그대로 성장하게 된 어른은 '착한 아이' 대신 '착한 여자, 착한 남자, 좋은 사람' 등을 추구하게 됩니다.

그림책 거울 보기

곰씨는 왜 자신이 소중히 여기는 의자를 토끼들에게 내어주기 시작했을까요?

곰씨는 '난 세상에서 다시 없는 친절한 곰이라고'라는 말을 합니다.
당신의 친절함은 어떤 모습인가요?

마음 정리하기

아래 글은 곰씨가 토끼 가족에게 조심스럽게 꺼낸 말입니다.
곰씨의 말은 효과적인 의사소통의 방법을 알려줍니다.
곰씨의 말을 옮겨 써보세요.

곰씨의 말에서 배우는 효과적인 의사소통법

"저는 여러분이 좋아요. 하지만 그동안 저는 마음이 힘들었어요. 물론 우리가 함께 하는 시간은 소중해요." (나의 감정 이야기하기)

"가끔은 혼자 있고 싶어요. 저는 조용히 책을 읽고 명상할 시간이 필요해요."
(나의 바람 이야기하기)

"앞으로 제 코가 빨개지면 혼자 있고 싶다는 뜻이니 다른 시간에 찾아와 주세요. 그리고 무엇보다 소중한 제 꽃을 살살 다뤄 주세요." (상대방에게 강요하기 보다 부탁하기)

나도 곰씨처럼 나의 마음을 이야기해보세요.

1. 나의 감정 이야기하기

- 저는 (   )이 좋아요.

  그동안 저는 (   ) 때문에 마음이 많이 힘들었어요.

  물론 (   )는 소중해요.

-

-

2. 나의 바람 이야기하기

- 가끔은 (   ) 하고 싶어요.

  나에게는 (   )이 필요해요.

-

-

3. 상대방에게 강요하기 보다 부탁하기

- (   ) 해주세요.

  (   )을 살살 다뤄 주세요.

-

-

나의 의자에는 누구를 초대하고 싶은가요?
혹은 무엇을 두고 싶은가요?
곰씨의 의자 같은 내 의자를 그리고
의자 위에 마음껏 내가 두고 싶은 것들을 놓아보세요.

컬러링하며 내 마음을 돌아보세요.

긁적긁적 마음 치료 낙서장

긁적긁적 아무거나 일기장

말의 힘, 말의 독

『하늘을 나는 사자』

사노 요코 글·그림 | 황진희 옮김 | 천개의바람

멋진 갈기에 우렁찬 목소리를 가진 사자가 있었습니다.
게다가 하늘을 날기까지 하지요.
사자의 친척 고양이들은 사자의 멋진 모습을 보려고
날마다 사자의 집에 몰려듭니다. 하지만 매일 찾아오는 고양이들 때문에
사자는 지쳐버립니다. 급기야 잠이 들어 돌이 되고 마는데,
사자를 잠재운 말과 사자를 깨운 말은 무엇이었을까요?

#말의힘 #공감의힘 #표현하기 #듣기 #말하기

"역시 넌 대단해!" 이런 칭찬을 들으면 어깨가 으쓱해집니다. 나의 모습이 사람들에게 인정을 받은 것 같아 기분이 좋아집니다. 여기서 '역시'라는 단어가 가진 힘은 '대단해', '훌륭해', '멋져' 등의 칭찬의 말보다 더 큰 힘이 있습니다. '생각하였던 대로 그렇다'라는 의미를 가진 '역시'라는 단어는 예전부터 쭉 잘해왔고, 지금도 잘하고 있고, 그러니 미래에도 잘할 거라는 믿음이 담겨있기 때문입니다. 하지만 가만히 생각해보면 '역시'라는 말은 경우에 따라 매우 폭력적인 말이 될 수도 있습니다. "역시 넌 1등다워!"라는 말을 들은 아이는 무엇이든 잘해야 하니 숨 막히게 죄어오는 부담감을 느낄 것이고, "역시 장남이 다르네."라고 말하면 장남으로서 감당해야 하는 삶의 무게가 천근만근 무거워질 테니까요.

『하늘을 나는 사자』에 등장하는 사자도 '역시'의 폭력에 시달립니다. 사자의 멋진 갈퀴를 보기 위해 가까이 사는 친척인 고양이들이 날마다 사자를 찾아옵니다. 사자는 무엇이라도 대접해야겠기에 멋지게 날아올라 사냥을 해오고, 그 먹잇감으로 맛있는 요리를 대접하지요. 그러면 고양이들은 "역시, 사자야."라고 말합니다. 매일매일 찾아오는 고양이들 때문에 사자는 너무나 쉬고 싶어지고 어느 날인가는 "나는 낮잠을 자는 게 취미야."라고 말합니다. 하지만 소용이 없습니다. 고양이들은 들은 채 만 채, 농담으로 치부합니다. 사자는 사자이기 때문에 오늘도 역시 씩씩하고, 멋지고, 내일도 모레도 그럴 것으로 생각한 것이지요. 결국 사자는 너무나 피곤한 나머지 쓰러져 돌이 되고 맙니다. 그리고 그때부터 몇백 년이 흐르는 동안 절대 일어나지 못합니다. 사자의 기나긴 긴 잠을 깨운 것은 누구였을까요? 엄마 고양이와 함께 길을 지나가던 아기고양이였습니다. 아기고양이는 사자가 왜 돌이 되어 있는지 궁금했고 나름대로 이유를 찾아냅니다. "분명 피곤했을 거예요." 이 짧은 한마디 말을 들은 사자는 기지개를 쭉 펴고 일어나 다시 하늘로 날아오릅니다.

우리는 늘 말의 소용돌이 속에 삽니다. 수많은 말 중에는 우리를 행복하게 하는 말, 우리를 슬프게 하는 말, 우리를 웃게 하는 말, 우리를 화나게 하는 말도 있습니다. 말을 하거나 들은 사람에게 스며들어 힘이 되는 말이 있고, 독이 되는 말이 있습니다. 마음을 아프게 하는 말도 있고, 마음을 알아주는 공감의 말도 있습니다. 어떤 말을 해야 할지는 개인의 선택입니다. 그러나 어떤 말이 서로를 행복하게 할지 고민하는 것은 관계를 만들고 행복한 삶을 만드는 지혜가 아닐까요?

내 마음 열어보기

나는 내 모습을 지키기 위한 체면 때문에, 혹은 나보다 타인을 배려하기 위해, 어떤 일을 힘들어도 계속했던 적이 있나요?

나의 친구가 진심으로 나에게 힘들다는 말을 했을 때 나는 어떤 반응을 보였나요?

그림책 거울 보기

사자는 날마다 찾아오는 고양이에게 "나는 낮잠 자는 게 취미야."라고 말합니다.
이 말의 속뜻은 무엇인가요?

사자는 자신의 마음을 알아준 아기고양이의 한마디 말 덕분에 깨어났습니다.
이 말을 들었을 때 사자의 마음은 어떠했을까요?

마음 정리하기

나는 누구로부터 어떤 말을 들을 때 힘이 나는가요?
번아웃 된 나를 일으켜 세우는 말은 어떤 말들인지 생각해봅시다.

아름다운 말은 사람을 살리고 행복을 만듭니다. 말의 힘에 대해 생각해봅시다.

마음을 다스리는 시

말의 힘

황인숙

기분 좋은 말을 생각해보자.
파랗다 하얗다 깨끗하다 싱그럽다
신선하다 짜릿하다 후련하다

기분 좋은 말을 소리내보자
시원하다 달콤하다 아늑하다
아이스크림 얼음 바람
아아아 사랑하는 소중한 달린다
비!
머릿 속에 가득 기분 좋은
느낌표를 밟아보자
만져보자 훑아보자 깨물어보자
맞아보자 터뜨려보자!

『나의 침울한, 소중한 이여』, 황인숙, 문학과지성사, 1998

시를 필사하며 마음을 다스려보세요.

긁적긁적 마음 치료 낙서장

긁적긁적 아무거나 일기장

그림책 맞춤 처방

성분
사랑, 정성, 미소, 응원, 감사, 행복, 용기, 자신감, 활력, 즐거움

효능, 효과
고단하고 지친 삶에 활력이 생깁니다. 삶을 사랑하고 사람을 사랑하게 됩니다. 무엇보다 나 자신의 소중함을 깨닫게 됩니다.

용법, 용량
위의 성분이 필요할 때 하루 한 권의 그림책을 꼼꼼히 읽습니다.

 주의사항

- 반드시 하루 한 권의 그림책만 복용하세요.
  오남용은 공감 상실을 초래합니다.
- 그림책은 모든 사람의 손이 닿는 곳에 두시고 안심하고 복용하셔도 됩니다.
- 직사광선은 피하세요. 아름다운 그림이 변색될 우려가 있습니다.
  바닥에 두시면 밟고 미끄러질 우려가 있습니다.

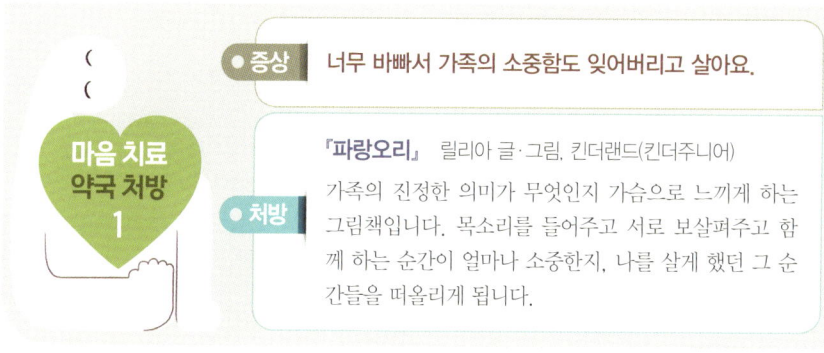

- 증상: 너무 바빠서 가족의 소중함도 잊어버리고 살아요.
- 처방: 『파랑오리』 릴리아 글·그림, 킨더랜드(킨더주니어)

  가족의 진정한 의미가 무엇인지 가슴으로 느끼게 하는 그림책입니다. 목소리를 들어주고 서로 보살펴주고 함께 하는 순간이 얼마나 소중한지, 나를 살게 했던 그 순간들을 떠올리게 됩니다.

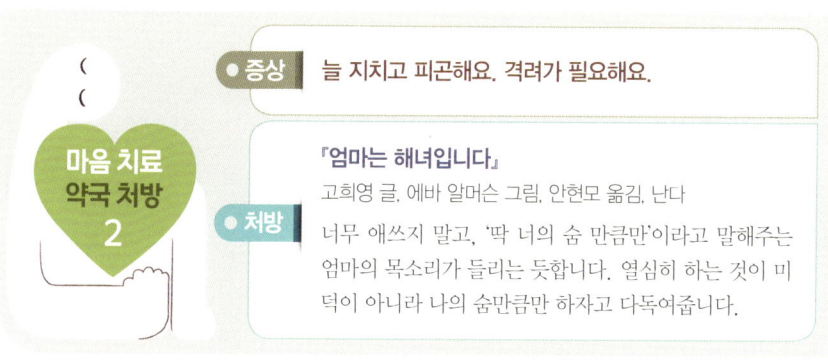

- 증상: 늘 지치고 피곤해요. 격려가 필요해요.
- 처방: 『엄마는 해녀입니다』

  고희영 글, 에바 알머슨 그림, 안현모 옮김, 난다

  너무 애쓰지 말고, '딱 너의 숨 만큼만'이라고 말해주는 엄마의 목소리가 들리는 듯합니다. 열심히 하는 것이 미덕이 아니라 나의 숨만큼만 하자고 다독여줍니다.

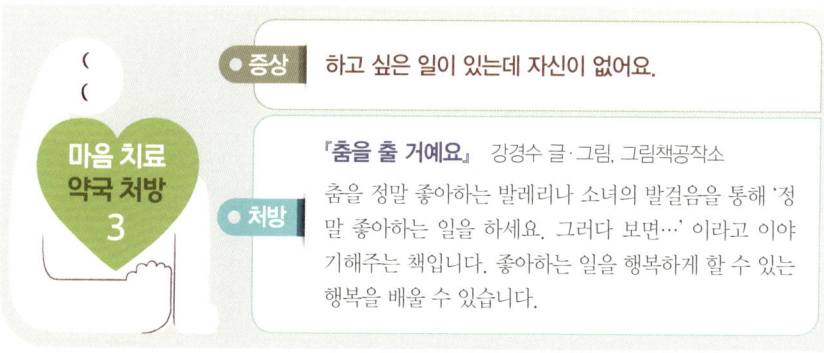

- 증상: 하고 싶은 일이 있는데 자신이 없어요.
- 처방: 『춤을 출 거예요』 강경수 글·그림, 그림책공작소

  춤을 정말 좋아하는 발레리나 소녀의 발걸음을 통해 '정말 좋아하는 일을 하세요. 그러다 보면…'이라고 이야기해주는 책입니다. 좋아하는 일을 행복하게 할 수 있는 행복을 배울 수 있습니다.

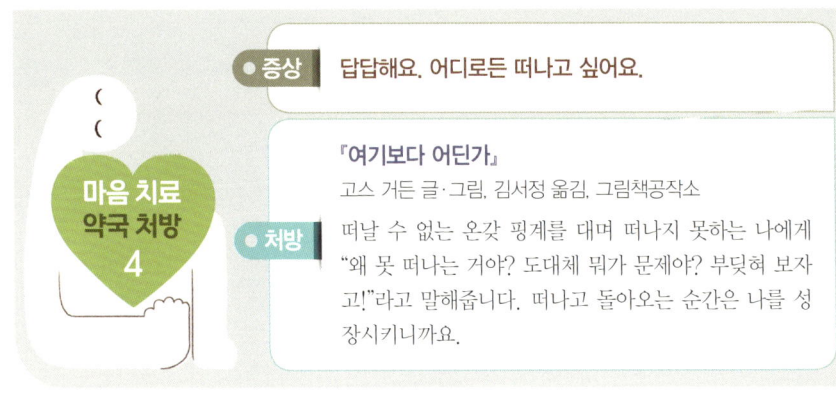

● 증상　답답해요. 어디로든 떠나고 싶어요.

● 처방　『여기보다 어딘가』
고스 거든 글·그림, 김서정 옮김, 그림책공작소

떠날 수 없는 온갖 핑계를 대며 떠나지 못하는 나에게 "왜 못 떠나는 거야? 도대체 뭐가 문제야? 부딪혀 보자고!"라고 말해줍니다. 떠나고 돌아오는 순간은 나를 성장시키니까요.

마음 치료 약국 처방 4

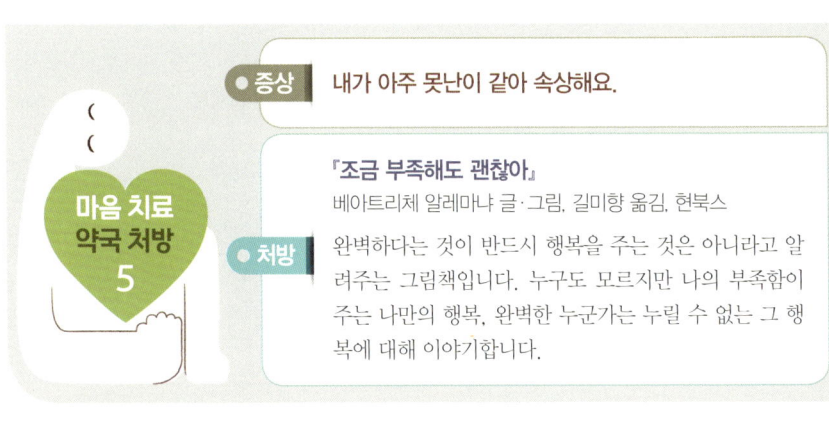

● 증상　내가 아주 못난이 같아 속상해요.

● 처방　『조금 부족해도 괜찮아』
베아트리체 알레마냐 글·그림, 길미향 옮김, 현북스

완벽하다는 것이 반드시 행복을 주는 것은 아니라고 알려주는 그림책입니다. 누구도 모르지만 나의 부족함이 주는 나만의 행복, 완벽한 누군가는 누릴 수 없는 그 행복에 대해 이야기합니다.

마음 치료 약국 처방 5

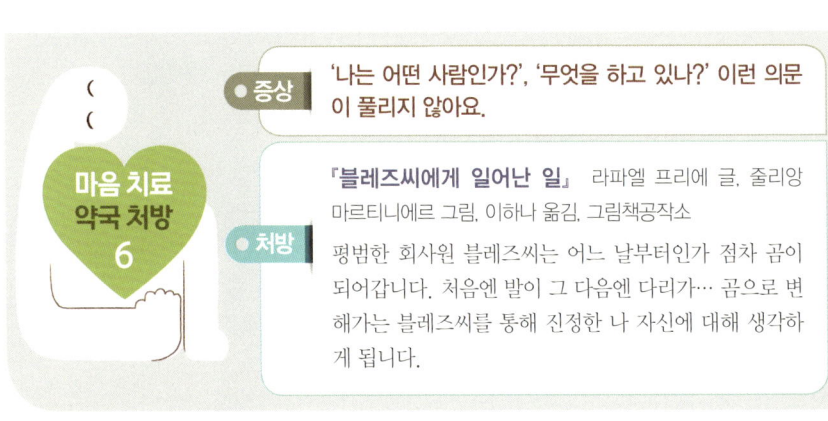

● 증상　'나는 어떤 사람인가?', '무엇을 하고 있나?' 이런 의문이 풀리지 않아요.

● 처방　『블레즈씨에게 일어난 일』 라파엘 프리에 글, 줄리앙 마르티니에르 그림, 이하나 옮김, 그림책공작소

평범한 회사원 블레즈씨는 어느 날부터인가 점차 곰이 되어갑니다. 처음엔 발이 그 다음엔 다리가… 곰으로 변해가는 블레즈씨를 통해 진정한 나 자신에 대해 생각하게 됩니다.

마음 치료 약국 처방 6

마음 치료 약국 처방 7

- **증상**: 물에 젖은 솜처럼 활력도 없고 즐거움도 없이 멍한 날을 보내요.

- **처방**: 『속도와 거리는 하나도 중요하지 않아』
  마달레나 마토소 글·그림. 민찬기 옮김. 그림책공작소
  자동차를 타고 이리저리 여행을 하다 보면 인생길을 가는 동안 우리에게 무엇이 중요한지 배우게 됩니다. 속도와 거리가 하나도 중요하지 않다면 중요한 게 무엇일까요? 정답은 그림책의 뒤표지에서!

마음 치료 약국 처방 8

- **증상**: 사랑하는 사람을 잃었어요.

- **처방**: 『오소리의 이별 선물』
  수잔 발리 글·그림. 신형건 옮김. 보물창고
  죽음도 삶의 일부이며 헤어진다고 해서 그와 영원히 이별하는 것이 아님을 알게 해줍니다. 추억할 수 있다는 것이 선물같이 여겨지는 그림책입니다.

마음 치료 약국 처방 9

- **증상**: 자꾸 우울해지네요. 우울함을 쫓고 신나게 웃고 싶어요.

- **처방**: 『어느 우울한 날 마이클이 찾아왔다』
  전미화 글·그림. 웅진주니어
  어느 우울한 날 커다란 테이프 레코더를 들고 다짜고짜 쳐들어와서 춤을 추는 마이클을 바라보다 보면 우울함은 날아가고 웃음이 절로 납니다.

그림책 맞춤 처방 • 151

마음 치료 약국 처방 10

● 증상　누구에게도 말하지 못한 마음의 상처가 있어요. 치료될 수 있을까요?

● 처방　『마음아, 안녕』　최숙희 글·그림, 책읽는곰

내 마음을 조근조근 이야기하는 것을 참지 마세요. 나를 위한 일이기도 하지만 상대를 위한 배려이기도 하니까요. 꽁꽁 싸매 놓은 상처를 열어 보여줄 때 해결책도 보인다는 지혜를 알려줍니다.

마음 치료 약국 처방 11

● 증상　산다는 게 무엇일까요? 삶이란 어떤 것일까요?

● 처방　『살아있다는 건』　다니카와 순타로 글, 오카모토 요시로 그림, 권남희 옮김, 비룡소

무엇을 해서가 아니라 존재하는 것만으로도 우리 삶은 아름답다는 것을 보여줍니다. 살아있다는 건, 그것만으로도 매일의 기적이니까요.

마음 치료 약국 처방 12

● 증상　세상이 두려워요. 용기가 필요해요.

● 처방　『마음 조심』
윤지 글·그림, 웅진주니어

누구나 조금 무서울 수 있다고, 세상도 사람들도 낯설고 부담스러울 수 있지만 소심해지지 말라고, 위축되지 말라고 응원의 박수를 전해주는 그림책입니다.